SE 07

Curso
MAD360

La diferencia entre aprobar y sacar plaza

Técnico de Cocina
(Grupo III, Nivel 5, Área B)

COMUNIDAD DE MADRID

Si aún no dispones de tu **Curso MAD360**, te ofrecemos un acceso GRATIS de 30 días para que disfrutes de los siguientes recursos:

- Técnicas de Memoria 360.
- MADTEST: Test *online* Nivel PRO.
- Temario en formato digital.
- Planificación de estudio.
- Foro entre opositores hasta la fecha del examen.*
- Recursos y novedades exclusivas.
- Consúltanos sobre tu oposición y proceso selectivo.
- Actualizaciones legislativas (Boletines Oficiales) hasta 60 días antes de la fecha del examen.*

AF212336

Para acceder a esta prueba del Curso MAD360** será necesaria la compra de todos los libros para esta especialidad de la edición 2026.

Regístrate en **mad.es/iniciar-sesion** y, en la pestaña **MIS CURSOS**, valida los códigos que encontrarás en la última página de tus libros. Recuerda que dispones de un plazo de **45 días desde la fecha de compra** para realizar la validación. Si no verificas tu matrícula, el periodo de uso del curso comenzará a contar aunque no hayas accedido.

NOTA IMPORTANTE:

* Examen de esta categoría profesional correspondiente a la convocatoria publicada en el BOCM núm. 177, de 27 de julio de 2023 y BOCM núm. 10, de 13 de enero de 2026, o hasta el 31 de marzo de 2027, lo que se cumpla antes, y previa renovación del servicio.

** El acceso al CURSO MAD360 estará disponible desde marzo de 2026 (algunos recursos podrían estar disponibles en fecha posterior). Tendrá una duración de 30 días RENOVABLES mediante pago, desde la validación de códigos, o hasta el 30 de septiembre de 2027, lo que se cumpla antes.

MAD se reserva el derecho a ampliar dichas fechas.

Técnico de Cocina (Grupo III, Nivel 5, Área B) de la Comunidad de Madrid

Marzo, 2026

Técnico de Cocina (Grupo III, Nivel 5, Área B) de la Comunidad de Madrid

Test del temario

ELENA GARCÍA FERNÁNDEZ
Licenciada en Derecho

LIDIA MARINA PONCE MARTÍNEZ
Licenciada en Psicología

ANA MARÍA SERRANO BÁRCENA
Licenciada en Biología

© 7 Editores Recursos para la Cualificación Profesional y el Empleo, S.L. (7 Editores)
© Las autoras
Primera edición, marzo 2026 (216 páginas)
Derechos de edición reservados a favor de 7 Editores
IMPRESO EN ESPAÑA
Diseño Portada: 7 Editores
Edita: 7 Editores
Avda. San Francisco Javier, 9 · Edificio Sevilla 2 · Planta 11 · Módulos 25-27 · 41018 Sevilla
Teléfono: 954 784 411 · WEB: www.mad.es · e-mail: administracion@7editores.com
ISBN: 979-13-702-8674-3
© "Editorial Mad" y "Eduforma" son nombres comerciales registrados de
7 Editores Recursos para la Cualificación Profesional y el Empleo, S.L.

Índice

TEST PARTE GENERAL

TEST PARTE ESPECÍFICA

TEST
PARTE GENERAL

TEST N.º 1

La Constitución Española de 1978: características. Los principios constitucionales y los valores superiores. Derechos y deberes fundamentales. Su garantía y suspensión

1. El artículo 10 de la Constitución Española contempla:

a) Que la dignidad de la persona es fundamento del orden político y de la paz social.
b) El primero de los derechos fundamentales contenidos en la misma.
c) La prohibición de lesión a la persona física.
d) La interpretación de la Declaración Universal de Derechos Humanos conforme a la Constitución Española.

2. ¿Cuál de los siguientes no se especifica en el artículo 10.1 como fundamento del orden político y la paz social?

a) La dignidad de la persona.
b) Los derechos inviolables de la persona.
c) La seguridad jurídica.
d) El libre desarrollo de la personalidad.

3. En relación con la dignidad de la persona:

a) En realidad, la Constitución solamente la reconoce a la persona en tanto que ciudadana.
b) Puede verse alterada, jurídicamente hablando, atendiendo a la situación en que la persona se encuentre.
c) No admite grados.
d) Es renunciable y disponible.

4. El artículo 10 de la Constitución Española:

a) No reconoce el valor de los Tratados Internacionales, dándole el máximo y único valor a la Constitución.
b) Dispone que los tratados y acuerdos ratificados por España sirven de parámetro interpretativo de los derechos y libertades establecidos en la Constitución.

c) Reconoce únicamente validez, en relación con los derechos humanos, a la Declaración Universal de Derechos Humanos.

d) Establece que los Tratados Internacionales ratificados por España se situarán en una posición superior en la jerarquía normativa respecto de la Constitución.

5. De la Constitución se desprende que:

a) Los derechos y libertades establecidos en Tratados internacionales no tienen valor.

b) Los derechos y libertades establecidos en Tratados internacionales tienen rango constitucional.

c) Los derechos y libertades establecidos en Tratados internacionales tienen rango constitucional únicamente en la medida en que también estén reconocidos en la Constitución Española.

d) Los derechos reconocidos en Tratados internacionales tienen eficacia directa, por este hecho, en los tribunales españoles, aunque no hayan estado ratificados por el Estado español.

6. En relación con la nacionalidad española:

a) La Constitución establece que solamente se puede adquirir por nacimiento.

b) Se adquiere únicamente por nacimiento, no obstante, un extranjero puede optar a la residencia.

c) Se puede adquirir.

d) Nunca se puede perder.

7. En base a la Constitución Española:

a) Un español nunca puede perder su nacionalidad.

b) Ningún español de origen podrá ser privado de su nacionalidad.

c) La nacionalidad siempre se conserva.

d) No se admite la doble nacionalidad de un español.

8. En relación con la doble nacionalidad:

a) La Constitución Española no la permite.

b) El Estado puede concertar tratados de doble nacionalidad con los países iberoamericanos o con aquellos que hayan tenido o tengan una particular vinculación con España.

c) Solamente se puede reconocer en relación con la nacionalidad de otros países europeos.

d) Solamente se puede reconocer en relación con antiguos países que formaban parte de la Corona española.

9. ¿Cuál de las siguientes afirmaciones es falsa?

a) No es la primera vez que una Constitución Española regula aspectos relacionados con la nacionalidad.

b) La Constitución Española no es la única a nivel mundial que contiene regulación respecto de la nacionalidad de los ciudadanos del Estado.

c) En la Constitución se desarrollan las formas de adquisición, conservación y pérdida de la nacionalidad española, dada su importancia.

d) La nacionalidad es una cualidad jurídica de la persona.

10. En base al artículo 12 de la Constitución Española:

a) Los españoles se pueden emancipar a los dieciocho años.

b) Los españoles se pueden emancipar a los dieciséis años.

c) Los españoles son mayores de edad a los dieciocho años.

d) Los españoles son mayores de edad a los veintiún años.

11. Indica la respuesta incorrecta:

a) Que la Constitución establezca cuál es la edad de obtención de la mayoría de edad no implica que, por causa justificada, la ley pueda establecer otras edades para ejercer algunos derechos y obligaciones.

b) Que la Constitución establezca cuál es la edad de obtención de la mayoría de edad no implica la imposibilidad de emanciparse.

c) La Constitución equipara la minoría de edad con la incapacidad.

d) La Constitución vincula, en términos generales, la mayoría de edad a la adquisición de la plena capacidad de obrar.

12. No ser mayor de edad implica:

a) Que no puedes votar en las elecciones.

b) Que no puedes contraer matrimonio.

c) Que no puedes trabajar.

d) Que no puedes celebrar ningún tipo de contrato.

13. Atendiendo a lo dispuesto en el artículo 13 de la Constitución:

a) En todo caso, solamente los españoles están legitimados para participar en asuntos públicos.

b) Los extranjeros gozarán es España de los derechos fundamentales, pero no de las libertades públicas establecidas en la Constitución.

c) Los españoles son titulares del derecho de participación en los asuntos públicos, lo que puede extenderse, vía tratado o ley, a otros sujetos para el derecho de sufragio activo y pasivo en las elecciones municipales, siempre atendiendo a criterios de reciprocidad.

d) Solamente los españoles mayores de edad y con determinado nivel cultural pueden participar en asuntos públicos.

14. En relación con el derecho de asilo:

a) No se puede conceder a los refugiados, en ningún caso.

b) Por ley orgánica se establecerán los términos en que los ciudadanos de otros países podrán gozar de este derecho en España.

c) Por ley se establecerán los términos en que los ciudadanos de otros países y los apátridas podrán gozar de este derecho en España.

d) Por reglamento se establecerán los términos en que los apátridas podrán gozar de este derecho en España.

15. Indica la respuesta correcta en relación con la extradición:

a) La extradición solo se concederá en cumplimiento de un tratado o de la ley, atendido al principio de reciprocidad.

b) La extradición solo se concederá en cumplimiento de un tratado o de la ley, sin requerirse la reciprocidad.

c) También se puede conceder la extradición por delitos políticos.

d) No se puede extraditar por actos de terrorismo.

En MADTEST tienes **más preguntas de este tema**, y todos tus avances quedan registrados y se reflejan en el ranking.

¡Supera tus límites con MADTEST!

Solución al test n.º 1

1. a) Que la dignidad de la persona es fundamento del orden político y de la paz social.

2. c) La seguridad jurídica.

3. c) No admite grados.

4. b) Dispone que los tratados y acuerdos ratificados por España sirven de parámetro interpretativo de los derechos y libertades establecidos en la Constitución.

5. c) Los derechos y libertades establecidos en Tratados internacionales tienen rango constitucional únicamente en la medida en que también estén reconocidos en la Constitución Española.

6. c) Se puede adquirir.

7. b) Ningún español de origen podrá ser privado de su nacionalidad.

8. b) El Estado puede concertar tratados de doble nacionalidad con los países iberoamericanos o con aquellos que hayan tenido o tengan una particular vinculación con España.

9. c) En la Constitución se desarrollan las formas de adquisición, conservación y pérdida de la nacionalidad española, dada su importancia.

10. c) Los españoles son mayores de edad a los dieciocho años.

11. c) La Constitución equipara la minoría de edad con la incapacidad.

12. a) Que no puedes votar en las elecciones.

13. c) Los españoles son titulares del derecho de participación en los asuntos públicos, lo que puede extenderse, vía tratado o ley, a otros sujetos para el derecho de sufragio activo y pasivo en las elecciones municipales, siempre atendiendo a criterios de reciprocidad.

14. c) Por ley se establecerán los términos en que los ciudadanos de otros países y los apátridas podrán gozar de este derecho en España.

15. a) La extradición solo se concederá en cumplimiento de un tratado o de la ley, atendido al principio de reciprocidad.

TEST N.º 2

El Estatuto de Autonomía: estructura y contenido. Las competencias de la Comunidad de Madrid: potestad legislativa, potestad reglamentaria y función ejecutiva

1. La Comunidad Autónoma de Madrid se denomina:

a) Madrid.
b) Comunidad Autónoma de Madrid.
c) Comunidad de Madrid.
d) CCMM.

2. La Comunidad de Madrid, al facilitar la más plena participación de los ciudadanos en la vida política, económica, cultural y social, aspira a hacer realidad los principios de:

a) Libertad, justicia e igualdad.
b) Libertad, justicia y solidaridad.
c) Solidaridad y autonomía.
d) Justicia y eficiencia.

3. El territorio de la Comunidad de Madrid es el comprendido dentro de los límites de:

a) La Comunidad Autónoma.
b) La Comunidad de Madrid.
c) La provincia de Madrid.
d) El Municipio de Madrid.

4. ¿Cómo se organiza territorialmente la Comunidad de Madrid?

a) En Ayuntamientos.
b) En entidades Locales.
c) En Mancomunidades.
d) En Municipios.

5. ¿Cómo es la Bandera de la Comunidad de Madrid?

a) Roja, con siete estrellas en blanco, de seis puntas, colocadas cuatro y tres en el centro del lienzo.

b) Roja, con seis estrellas en blanco, de cinco puntas, colocadas cuatro y tres en el centro del lienzo.

c) Roja carmesí, con siete estrellas en blanco, de seis puntas, colocadas cuatro y tres en el centro del lienzo.

d) Roja carmesí, con siete estrellas en blanco, de cinco puntas, colocadas cuatro y tres en el centro del lienzo.

6. El Escudo de la Comunidad de Madrid se establece:

a) Por Ley de la Asamblea.
b) Por el Estatuto de Autonomía.
c) Por la Constitución Española.
d) Por Orden Ministerial.

7. La villa de Madrid, por su condición de capital del Estado y sede de las Instituciones generales, tendrá un régimen especial, regulado por:

a) Decreto Ley.
b) Real Decreto.
c) Orden Ministerial.
d) Ley votada en Cortes.

8. ¿Dónde están establecidos los derechos y deberes fundamentales de los ciudadanos de la Comunidad de Madrid?

a) En el Estatuto de Autonomía.
b) En la Constitución Española.
c) En un Decreto autonómico.
d) En una Orden de la Comunidad de Madrid.

9. Los Poderes de la Comunidad de Madrid se ejercen a través de sus instituciones de autogobierno:

a) La Asamblea y el Presidente de la Comunidad.
b) La Asamblea y el Gobierno.
c) La Asamblea, el Gobierno y el Presidente de la Comunidad.
d) Ninguna es correcta.

10. ¿A quién representa la Asamblea?

a) Al municipio.
b) A la Comunidad de Madrid.

c) A la Comunidad Autónoma de Madrid.

d) Al pueblo de Madrid.

11. Las competencias de ejecución de la Comunidad de Madrid llevan implícito:

a) La correspondiente potestad ejecutiva para la organización interna de los servicios, la administración e inspección.

b) La correspondiente potestad legislativa en los términos previstos en el Estatuto.

c) La función ejecutiva.

d) La correspondiente potestad reglamentaria para la organización interna de los servicios, la administración y, en su caso, la inspección.

12. ¿Quién aprueba y controla el Presupuesto de la Comunidad?

a) La Asamblea.

b) El Presidente.

c) El Gobierno.

d) Ninguna es correcta.

13. ¿Cuál de las siguientes competencias de la Comunidad de Madrid no es exclusiva?

a) Protección y tutela de menores y desarrollo de políticas de promoción integral de la juventud.

b) Promoción de la igualdad respecto a la mujer que garantice su participación libre y eficaz en el desarrollo político, social, económico y cultural.

c) Fundaciones que desarrollen principalmente sus funciones en la Comunidad de Madrid.

d) Defensa del consumidor y del usuario, de acuerdo con las bases y la ordenación de la actividad económica general y la política monetaria del Estado, las bases y coordinación general de la sanidad, en los términos de lo dispuesto en los artículos 38, 131 y en los números 11ª, 13ª y 16ª del apartado 1 del artículo 149 de la Constitución.

14. En relación con la entrada en vigor del Estatuto de Autonomía de la Comunidad de Madrid, señala la respuesta correcta:

a) El presente Estatuto entrará en vigor el mismo día de su publicación en el Boletín Oficial del Estado.

b) El presente Estatuto entrará en vigor al día siguiente de su publicación en el Boletín Oficial del Estado.

c) El presente Estatuto entrará en vigor al día siguiente de su publicación en el Boletín Oficial de la Comunidad de Madrid.

d) Ninguna es correcta.

15. De conformidad con el artículo 3 de la Ley Orgánica 3/1983, de 25 de febrero, de Estatuto de Autonomía de la Comunidad de Madrid, señala la respuesta correcta:

a) La Comunidad de Madrid se organiza en Municipios que gozan de autonomía para gestionar sus propios intereses.

b) La Comunidad de Madrid se organiza territorialmente en Municipios, que gozan de personalidad jurídica jerárquicamente dependientes de la propia Comunidad de Madrid para la gestión de sus intereses.

c) La Comunidad de Madrid se organiza territorialmente en Municipios, que gozan de plena personalidad jurídica y autonomía para la gestión de los intereses que le son propios.

d) Ninguna es correcta.

En MADTEST tienes **más preguntas de este tema**, y todos tus avances quedan registrados y se reflejan en el ranking.

¡Supera tus límites con MADTEST!

Solución al test n.º 2

1. c) Comunidad de Madrid.

2. a) Libertad, justicia e igualdad.

3. c) La provincia de Madrid.

4. d) En Municipios.

5. d) Roja carmesí, con siete estrellas en blanco, de cinco puntas, colocadas cuatro y tres en el centro del lienzo.

6. a) Por Ley de la Asamblea.

7. d) Ley votada en Cortes.

8. b) En la Constitución Española.

9. c) La Asamblea, el Gobierno y el Presidente de la Comunidad.

10. d) Al pueblo de Madrid.

11. d) La correspondiente potestad reglamentaria para la organización interna de los servicios, la administración y, en su caso, la inspección.

12. a) La Asamblea.

13. d) Defensa del consumidor y del usuario, de acuerdo con las bases y la ordenación de la actividad económica general y la política monetaria del Estado, las bases y coordinación general de la sanidad, en los términos de lo dispuesto en los artículos 38, 131 y en los números 11ª, 13ª y 16ª del apartado 1 del artículo 149 de la Constitución.

14. a) El presente Estatuto entrará en vigor el mismo día de su publicación en el Boletín Oficial del Estado.

15. c) La Comunidad de Madrid se organiza territorialmente en Municipios, que gozan de plena personalidad jurídica y autonomía para la gestión de los intereses que le son propios.

TEST N.º 3

La Asamblea Legislativa: composición, funciones y potestades. La Presidencia de la Comunidad y el Gobierno: funciones y potestades, composición, designación y remoción

1. Si la Asamblea de la Comunidad de Madrid adopta una moción de censura:

a) Cesa el Gobierno pero no el Presidente.
b) Cesa solo el Presidente pero no el Gobierno.
c) Cesan tanto Presidente como Gobierno.
d) Ninguna es correcta.

2. Las leyes de la Asamblea estarán sujetas únicamente al control de constitucionalidad por:

a) Los órganos constitucionales.
b) Por el Defensor del Pueblo.
c) Por el Tribunal Supremo.
d) Ninguna es correcta.

3. Señala la respuesta correcta:

a) Las leyes aprobadas por la Asamblea serán promulgadas en nombre del Rey por el Presidente de la Comunidad, que ordenará su publicación en el "Boletín Oficial de la Comunidad de Madrid" y en el "Boletín Oficial del Estado", entrando en vigor al día siguiente de su publicación en aquel, salvo que en las mismas se disponga otra cosa.

b) Las leyes aprobadas por la Asamblea serán promulgadas en nombre del Rey por el Presidente de la Asamblea, que ordenará su publicación en el "Boletín Oficial de la Comunidad de Madrid" y en el "Boletín Oficial del Estado", entrando en vigor al día siguiente de su publicación en aquel, salvo que en las mismas se disponga otra cosa.

c) Las leyes aprobadas por la Asamblea serán promulgadas en nombre del Rey por el Presidente de la Comunidad, que ordenará su publicación en el "Boletín Oficial de la Comunidad de Madrid" y en el "Boletín Oficial del Estado", entrando en vigor el mismo de su publicación, salvo que en las mismas se disponga otra cosa.

d) Las leyes aprobadas por la Asamblea serán promulgadas en nombre del Rey por el Presidente de la Comunidad, que ordenará su publicación en el "Boletín Oficial de la Comunidad de Madrid" y en el "Boletín Oficial del Estado", entrando en vigor al día siguiente de su publicación en aquel, en todo caso.

4. La Asamblea es elegida atendiendo a criterios de:

a) De representación proporcional.
b) De representación territorial.
c) De representación municipal.
d) Todas son correctas.

5. La Asamblea estará compuesta por un Diputado por:

a) Un Diputado por cada 30.000 habitantes o fracción superior a 25.000.
b) Un Diputado por cada 50.000 habitantes o fracción superior a 30.000.
c) Un Diputado por cada 60.000 habitantes o fracción superior a 25.000.
d) Un Diputado por cada 50.000 habitantes o fracción superior a 25.000.

6. ¿Cuándo termina el mandato de los Diputados?

a) Cuatro años después de su elección o el día de la disolución de la Cámara en los supuestos previstos en este Estatuto.
b) Cinco años después de su elección o el día de la disolución de la Cámara en los supuestos previstos en este Estatuto.
c) Seis años después de su elección o el día de la disolución de la Cámara en los supuestos previstos en este Estatuto.
d) Un año después de su elección o el día de la disolución de la Cámara en los supuestos previstos en este Estatuto.

7. Señala la opción incorrecta:

a) Los Diputados no estarán ligados por mandato imperativo alguno.
b) Una ley de la Asamblea, regulará las elecciones, que serán convocadas por el Presidente de la Comunidad.
c) La circunscripción electoral es la provincia.
d) Serán electores y elegibles todos los madrileños mayores de dieciséis años de edad que estén en pleno goce de sus derechos políticos.

8. ¿Cuándo tendrán lugar las elecciones?

a) El cuarto domingo de mayo de cada cuatro años.
b) El primer domingo de mayo de cada cuatro años.
c) El tercer domingo de mayo de cada cuatro años.
d) El cuarto domingo de mayo de cada seis años.

9. La sesión constitutiva de la Asamblea tendrá lugar dentro de:

a) Los veinticinco días siguientes a la proclamación de los resultados electorales.
b) Los veinte días siguientes a la proclamación de los resultados electorales.

c) Los quince días siguientes a la proclamación de los resultados electorales.

d) Los diez días siguientes a la proclamación de los resultados electorales.

10. La adquisición de la condición plena de Diputado requerirá, en todo caso, la prestación de la promesa o juramento de acatamiento de:

a) La Constitución.

b) La Constitución y el Estatuto de Autonomía de la Comunidad de Madrid.

c) El Estatuto de Autonomía de la Comunidad de Madrid.

d) El Estatuto Básico del Empleado Público.

11. Señala la opción incorrecta:

a) La Asamblea determinará por ley las causas de inelegibilidad e incompatibilidad de los Diputados.

b) Los Diputados no gozarán de inviolabilidad por las opiniones manifestadas en el ejercicio de sus funciones después de haber cesado en su mandato.

c) Durante su mandato los miembros de la Asamblea no podrán ser detenidos ni retenidos por actos delictivos cometidos en el territorio de la Comunidad, sino en caso de flagrante delito.

d) Los Diputados de la Asamblea recibirán de cualesquiera autoridades y funcionarios la ayuda que precisen para el ejercicio de su labor y el trato y precedencia debidos a su condición.

12. Los Diputados percibirán una asignación, que será fijada por:

a) La Asamblea.

b) El Tesorero.

c) El Presidente.

d) La Cámara.

13. La Asamblea se dotará de su propio Reglamento, cuya aprobación y reforma serán sometidas a una votación final sobre su totalidad, que requerirá el voto afirmativo:

a) Del Presidente.

b) De la mayoría absoluta de los Diputados.

c) De la mayoría simple de los Diputados.

d) Ninguna es correcta.

14. En el Reglamento de la Asamblea de Madrid deberá especificarse:

a) La relaciones entre la Asamblea y el Gobierno.

b) El número mínimo de Diputados necesario para la formación de los Grupos Parlamentarios.

c) Las funciones de la Junta de Portavoces.
d) Todas son correctas.

15. La Asamblea elegirá de entre sus miembros:

a) De entre sus miembros elegirán únicamente al Presidente.
b) A la Diputación Permanente.
c) Al Presidente y a la Diputación Permanente.
d) Al Presidente, a la Mesa y a la Diputación Permanente.

En MADTEST tienes **más preguntas de este tema**, y todos tus avances quedan registrados y se reflejan en el ranking.

¡Supera tus límites con MADTEST!

Solución al test n.º 3

1. c) Cesan tanto Presidente como Gobierno.

2. d) Ninguna es correcta.

3. a) Las leyes aprobadas por la Asamblea serán promulgadas en nombre del Rey por el Presidente de la Comunidad, que ordenará su publicación en el "Boletín Oficial de la Comunidad de Madrid" y en el "Boletín Oficial del Estado", entrando en vigor al día siguiente de su publicación en aquel, salvo que en las mismas se disponga otra cosa.

4. a) De representación proporcional.

5. d) Un Diputado por cada 50.000 habitantes o fracción superior a 25.000.

6. a) Cuatro años después de su elección o el día de la disolución de la Cámara en los supuestos previstos en este Estatuto.

7. d) Serán electores y elegibles todos los madrileños mayores de dieciséis años de edad que estén en pleno goce de sus derechos políticos.

8. a) El cuarto domingo de mayo de cada cuatro años.

9. a) Los veinticinco días siguientes a la proclamación de los resultados electorales.

10. b) La Constitución y el Estatuto de Autonomía de la Comunidad de Madrid.

11. b) Los Diputados no gozarán de inviolabilidad por las opiniones manifestadas en el ejercicio de sus funciones después de haber cesado en su mandato.

12. a) La Asamblea.

13. b) De la mayoría absoluta de los Diputados.

14. d) Todas son correctas.

15. d) Al Presidente, a la Mesa y a la Diputación Permanente.

TEST N.º 4

**La Administración Autonómica: organización y estructura básica.
Las Consejerías, Organismos Autónomos
y Entes que integran la misma**

1. Los Consejeros son nombrados y cesados por:

a) Los Ministros.
b) El Presidente del Gobierno.
c) El Presidente de la Comunidad de Madrid.
d) Ninguna respuesta es correcta.

2. Los Consejeros tendrán derecho a recibir el tratamiento de:

a) Excelencia.
b) Señor/Señora.
c) Don/Doña.
d) Ilustrísimo.

3. Corresponde a los Viceconsejeros:

a) Ejercer las competencias sobre el sector de actividad administrativa asignado que les atribuya el Decreto de estructura de la Consejería o que les delegue el Consejero.
b) Ejercer las competencias atribuidas al Consejero en materia de ejecución presupuestaria, con los límites que, en su caso, se establezcan por aquel.
c) Ejercer las competencias inherentes a su responsabilidad de dirección y, en particular, impulsar la consecución de los objetivos y la ejecución de los proyectos de su ámbito que le encargue el Consejero.
d) Todas las anteriores corresponden a los Viceconsejeros.

4. La Administración de la Comunidad de Madrid, constituida por órganos jerárquicamente ordenados, actúa para el cumplimiento de sus fines con:

a) Personalidad jurídica plena.
b) Personalidad jurídica única.

c) Personalidad jurídica propia.
d) Personalidad jurídica.

5. La actuación de la Administración de la Comunidad de Madrid se atendrá a los principios de:

a) Objetividad, publicidad, celeridad, eficacia, economía, descentralización, coordinación y participación.
b) Objetividad, publicidad, economía, descentralización, desconcentración, coordinación y participación.
c) Objetividad, publicidad, celeridad, eficacia, economía, descentralización, desconcentración, coordinación y participación.
d) Objetividad, publicidad, celeridad, eficacia, descentralización, desconcentración, coordinación.

6. Los Directores Generales serán nombrados mediante:

a) Decreto Ley.
b) Real Decreto.
c) Decreto del Consejo de Gobierno, a propuesta del Consejero correspondiente.
d) Resolución.

7. ¿Cuál de las siguientes funciones no corresponde a los Consejeros?

a) Formular el anteproyecto del presupuesto anual de la Consejería.
b) Velar por el exacto cumplimiento de las leyes y resoluciones de la Asamblea en lo concerniente a su Consejería.
c) Proponer al Consejo de Gobierno los nombramientos y ceses que deban ser aprobados por el mismo.
d) Dictar decretos legislativos, previa autorización de la Asamblea.

8. ¿Cuál de las siguientes, no es en la actualidad una Consejería de la Comunidad de Madrid?

a) Digitalización.
b) Educación, Cultura y Deporte.
c) Sanidad.
d) Familia, Juventud y Asuntos Sociales.

9. El organismo autónomo administrativo Instituto Regional de Seguridad y Salud en el Trabajo, se encuentra dentro de la Consejería:

a) De empleo, ciencia e innovación.
b) Sanidad.
c) De Economía, Hacienda y Empleo.
d) Vivienda, Transportes e Infraestructuras.

10. Señala la respuesta incorrecta, respecto a los Consejeros:

a) Los Consejeros tendrán derecho a recibir el tratamiento de señorías.

b) Por razón de su cargo tendrán derecho a percibir, con cargo a los Presupuestos Generales de la Comunidad, los sueldos y retribuciones que se les asignen en dichos Presupuestos.

c) La denominación de Consejeros es exclusiva de los miembros del Gobierno de la Comunidad de Madrid o de las instituciones autonómicas. Ninguna otra Administración Pública en la Comunidad de Madrid podrá utilizar esta denominación para designar a los miembros de sus órganos de gobierno.

d) Todas son correctas.

11. Los Consejeros, como miembros del Consejo de Gobierno, participan en la dirección de la política de la Comunidad de Madrid y en cuanto tales tendrán las siguientes atribuciones:

a) Velar por el exacto cumplimiento de las leyes y resoluciones de la Asamblea en lo concerniente a su Consejería.

b) Proponer y presentar al Consejo de Gobierno los anteproyectos de Ley y proyectos de Decreto, relativos a las cuestiones atribuidas a su Consejería y refrendar estos últimos una vez aprobados.

c) Proponer al Consejo de Gobierno los nombramientos y ceses que deban ser aprobados por el mismo.

d) Todas son correctas.

12. Señala la respuesta correcta relativa a la Administración de la Comunidad de Madrid:

a) No se constituye por órganos jerárquicamente ordenados, sino por aquellos ordenados únicamente a nivel funcional.

b) Actúa para el cumplimiento de sus fines con personalidad jurídica única.

c) Su actuación, al servicio de los intereses generales de la Comunidad de Madrid, se atenderá a los principios de publicidad, igualdad, celeridad, eficacia, economía, descentralización, desconcentración, coordinación y participación, confianza legítima y buena fe, con sometimiento a la Ley y al Derecho, conforme a lo dispuesto en el artículo 103.1 de la Constitución y a la Ley de Procedimiento Administrativo.

d) Todas son correctas.

13. Entre las funciones de los Consejeros, ¿cuál de las siguientes no es correcta?

a) Ordenar los gastos propios de los servicios de su Consejería, no reservados a la competencia del Consejo de Gobierno, dentro del importe de los créditos autorizados, e interesar de la Consejería de Economía y Hacienda la ordenación de los pagos correspondientes.

b) Celebrar contratos relativos a las materias propias de la competencia de la Consejería y ejercer cuantas facultades y competencias vengan atribuidas a los órganos de contratación por la legislación sobre contratos de las Administraciones Públicas y sus normas de desarrollo, sin perjuicio de la previa autorización del Gobierno en los supuestos contemplados en la Ley.

c) Resolver sobre enajenaciones de bienes y derechos afectos a la Consejería, con el límite fijado en la Ley de Presupuestos de la Comunidad.

d) Elaborar, refundir, revisar y proponer modificaciones de la normativa legal que afecte a la Consejería.

14. ¿A quién le corresponde, en la Consejería, la tramitación de los expedientes de gastos de la Consejería?

a) Al Director General.
b) Al Secretario General Técnico.
c) Al Consejero.
d) Al Viceconsejero.

15. ¿A quién le corresponde elevar anualmente al Consejero, un informe crítico sobre la marcha, rendimiento y costes de los servicios a su cargo, proponiendo las modificaciones que estime necesarias?

a) Al propio Consejero.
b) Al Director General.
c) Al Secretario General Técnico.
d) Al Viceconsejero.

Solución al test n.º 4

1. c) El Presidente de la Comunidad de Madrid.

2. a) Excelencia.

3. d) Todas las anteriores corresponden a los Viceconsejeros.

4. b) Personalidad jurídica única.

5. c) Objetividad, publicidad, celeridad, eficacia, economía, descentralización, des-concentración, coordinación y participación.

6. c) Decreto del Consejo de Gobierno, a propuesta del Consejero correspondiente.

7. d) Dictar decretos legislativos, previa autorización de la Asamblea.

8. b) Educación, Cultura y Deporte.

9. c) De Economía, Hacienda y Empleo.

10. a) Los Consejeros tendrán derecho a recibir el tratamiento de señorías.

11. d) Todas son correctas.

12. b) Actúa para el cumplimiento de sus fines con personalidad jurídica única.

13. d) Elaborar, refundir, revisar y proponer modificaciones de la normativa legal que afecte a la Consejería.

14. b) Al Secretario General Técnico.

15. b) Al Director General.

TEST N.º 5

Información Administrativa y atención al ciudadano en la Comunidad de Madrid en los canales presencial, electrónico y telefónico. La Administración electrónica. La identificación y autenticación de las personas físicas y jurídicas para las diferentes actuaciones en la gestión electrónica. Especial referencia a la administración electrónica en la Comunidad de Madrid

1. El Decreto 21/2002, de 24 de enero, regula en la Comunidad de Madrid la atención al ciudadano configurándola como:

a) Una función exclusiva de las oficinas de registro.
b) Una función transversal presente en todas las unidades administrativas.
c) Un servicio voluntario de carácter informativo.
d) Una competencia delegada en entidades locales.

2. Según el Decreto 21/2002, la información administrativa facilitada por la Administración autonómica tiene carácter:

a) Vinculante para la Administración.
b) Interpretativo de la normativa.
c) Meramente informativo u orientativo.
d) Sustitutivo de actos administrativos.

3. La legislación básica estatal que regula los derechos de las personas en sus relaciones con las Administraciones Públicas es:

a) La Ley 40/2015.
b) El Real Decreto 203/2021.
c) La Ley 39/2015.
d) El Decreto 127/2022.

4. La Ley 40/2015 regula principalmente:

a) El procedimiento administrativo común.
b) La atención al ciudadano autonómica.

c) La protección de datos.
d) La organización y funcionamiento del sector público.

5. El Real Decreto 203/2021 desarrolla reglamentariamente:

a) La actuación administrativa y funcionamiento del sector público por medios electrónicos.
b) El régimen disciplinario del personal público.
c) La contratación administrativa.
d) El régimen presupuestario.

6. El Registro de Funcionarios Públicos Habilitados en la Comunidad de Madrid tiene como finalidad principal:

a) Sustituir la firma electrónica.
b) Facilitar la asistencia a personas que carecen de medios electrónicos.
c) Registrar empleados públicos.
d) Controlar la actividad administrativa.

7. El Esquema Nacional de Seguridad tiene por objeto:

a) Garantizar la transparencia administrativa.
b) Regular el procedimiento administrativo.
c) Proteger la información y los servicios electrónicos.
d) Establecer la organización administrativa.

8. El Esquema Nacional de Interoperabilidad tiene como finalidad:

a) Regular la contratación pública electrónica.
b) Garantizar la interoperabilidad entre Administraciones Públicas.
c) Establecer registros administrativos.
d) Regular la firma manuscrita.

9. La información administrativa tiene carácter instrumental porque:

a) Sirve de orientación sin sustituir actos administrativos.
b) Produce efectos jurídicos plenos.
c) Interrumpe plazos administrativos.
d) Vincula a la Administración.

10. La información administrativa no puede:

a) Orientar al ciudadano.
b) Facilitar datos sobre procedimientos.
c) Anticipar el sentido de resoluciones futuras.
d) Indicar requisitos administrativos.

11. La información administrativa particular se refiere a:

a) La estructura administrativa.
b) Datos relativos a expedientes concretos del interesado.
c) Información general sobre servicios.
d) Información estadística.

12. La información administrativa especializada se caracteriza por:

a) Tener carácter divulgativo general.
b) Referirse exclusivamente a expedientes concretos.
c) Ser vinculante jurídicamente.
d) Requerir conocimientos técnicos o sectoriales específicos.

13. El canal presencial de atención al ciudadano se caracteriza principalmente por:

a) Sustituir al canal electrónico.
b) Ser obligatorio para todos los procedimientos.
c) Permitir atención personalizada y asistencia directa.
d) Limitarse a información general.

14. Las oficinas de asistencia en materia de registro tienen como función esencial:

a) Resolver procedimientos administrativos.
b) Recibir y registrar solicitudes y documentos.
c) Dictar actos administrativos.
d) Realizar inspecciones.

15. El canal electrónico en la atención al ciudadano permite:

a) Solo consultas informativas.
b) Exclusivamente notificaciones.
c) Acceso permanente a servicios y tramitación electrónica.
d) Únicamente presentación presencial digitalizada.

En MADTEST tienes **más preguntas de este tema**, y todos tus avances quedan registrados y se reflejan en el ranking.

¡Supera tus límites con MADTEST!

Solución al test n.º 5

1. b) Una función transversal presente en todas las unidades administrativas.

2. c) Meramente informativo u orientativo.

3. c) La Ley 39/2015.

4. d) La organización y funcionamiento del sector público.

5. a) La actuación administrativa y funcionamiento del sector público por medios electrónicos.

6. b) Facilitar la asistencia a personas que carecen de medios electrónicos.

7. c) Proteger la información y los servicios electrónicos.

8. b) Garantizar la interoperabilidad entre Administraciones Públicas.

9. a) Sirve de orientación sin sustituir actos administrativos.

10. c) Anticipar el sentido de resoluciones futuras.

11. b) Datos relativos a expedientes concretos del interesado.

12. d) Requerir conocimientos técnicos o sectoriales específicos.

13. c) Permitir atención personalizada y asistencia directa.

14. b) Recibir y registrar solicitudes y documentos.

15. c) Acceso permanente a servicios y tramitación electrónica.

TEST N.º 6

La protección de datos de carácter personal. El Reglamento 2016/679, de 27 de abril de 2016, del Parlamento Europeo y el Consejo relativo al tratamiento y libre circulación de datos personales y la adaptación del ordenamiento jurídico español al mismo. Ley Orgánica 3/2018, de 5 de diciembre, de Protección de Datos Personales y garantía de los derechos digitales

1. El reconocimiento constitucional del derecho fundamental a la protección de datos personales responde a la necesidad de garantizar el control del ciudadano sobre el uso de su información personal frente al tratamiento automatizado de datos. Este derecho encuentra su fundamento específico en la Constitución Española en:

a) El artículo 14 CE relativo al principio de igualdad.

b) El artículo 18.4 CE que limita el uso de la informática para garantizar el honor y la intimidad personal.

c) El artículo 103 CE relativo al funcionamiento de la Administración.

d) El artículo 20 CE relativo a la libertad de expresión.

2. La jurisprudencia del Tribunal Constitucional ha configurado el derecho fundamental a la protección de datos como un derecho autónomo respecto del derecho a la intimidad personal, en cuanto implica:

a) La protección exclusiva del domicilio y comunicaciones.

b) El derecho a la indemnización por daños.

c) El poder de disposición y control sobre los datos personales propios.

d) La tutela del patrimonio personal.

3. El Reglamento (UE) 2016/679 define el concepto de dato personal de forma amplia, con el objetivo de garantizar una protección efectiva frente a los tratamientos de información en entornos digitales. Conforme a dicha norma, se considera dato personal:

a) Exclusivamente la información económica.

b) Toda información relativa a una persona física identificada o identificable.

c) Solo los datos contenidos en registros públicos.
d) Únicamente los datos biométricos.

4. El Reglamento General de Protección de Datos se caracteriza por su eficacia directa en los Estados miembros, lo que implica que:

a) Debe ser transpuesto por leyes nacionales.
b) Tiene carácter orientativo.
c) Requiere desarrollo judicial previo.
d) Resulta directamente aplicable sin necesidad de transposición.

5. El ámbito de aplicación material del RGPD se extiende a determinados tratamientos de datos personales realizados por responsables públicos o privados. En concreto, la norma se aplica a:

a) Tratamientos automatizados y tratamientos manuales incluidos en un sistema de archivo.
b) Solo tratamientos automatizados.
c) Exclusivamente tratamientos empresariales.
d) Solo tratamientos administrativos.

6. El RGPD excluye de su ámbito de aplicación determinados tratamientos de datos personales cuando no existe dimensión profesional o institucional, como ocurre en:

a) Tratamientos empresariales.
b) Actividades personales o domésticas sin conexión profesional.
c) Tratamientos públicos.
d) Tratamientos automatizados.

7. El principio de responsabilidad proactiva introducido por el RGPD supone una transformación del modelo tradicional de cumplimiento normativo al exigir al responsable del tratamiento:

a) Solicitar autorización previa de la autoridad de control.
b) Limitarse a cumplir obligaciones formales.
c) Comunicar todos los tratamientos al interesado.
d) Adoptar medidas para cumplir la norma y poder demostrar dicho cumplimiento.

8. Para que el consentimiento del interesado constituya una base jurídica válida del tratamiento, el RGPD exige que reúna determinadas condiciones relativas a la voluntad del afectado. En particular, debe ser:

a) Presunto salvo oposición.
b) Implícito en la relación jurídica.

c) Libre, específico, informado e inequívoco.
d) Otorgado verbalmente.

9. La legislación española de protección de datos establece una edad específica para que los menores puedan prestar consentimiento válido en relación con servicios de la sociedad de la información, fijándose dicha edad en:

a) 12 años.
b) 16 años.
c) 14 años.
d) 18 años.

10. El principio de limitación de la finalidad constituye una garantía esencial frente al uso indiscriminado de datos personales y exige que los datos:

a) Se conserven indefinidamente.
b) Puedan reutilizarse sin restricciones.
c) Sean tratados para fines determinados, explícitos y legítimos.
d) Se publiquen cuando exista interés público.

11. El principio de minimización de datos responde a la necesidad de evitar tratamientos excesivos y supone que:

a) Debe recogerse toda la información posible.
b) Los datos tratados sean adecuados, pertinentes y limitados a lo necesario.
c) Deben anonimizarse siempre.
d) Solo pueden tratarse datos estadísticos.

12. El principio de exactitud obliga al responsable del tratamiento a:

a) Conservar todos los datos históricos.
b) Compartir datos entre Administraciones.
c) Mantener datos aunque sean inexactos.
d) Adoptar medidas para rectificar o suprimir datos incorrectos.

13. El principio de limitación del plazo de conservación implica que el responsable del tratamiento:

a) Debe conservar los datos solo durante el tiempo necesario para los fines del tratamiento.
b) Debe conservarlos permanentemente.
c) Puede conservarlos libremente.
d) Solo se aplica al sector privado.

14. El principio de integridad y confidencialidad exige que el tratamiento de datos personales se realice:

a) Con publicidad general.
b) Con libre acceso universal.
c) Garantizando seguridad frente a accesos no autorizados y pérdidas.
d) Mediante difusión institucional.

15. La licitud del tratamiento de datos personales conforme al RGPD exige que exista una base jurídica que lo legitime, lo que implica que:

a) Siempre debe existir consentimiento expreso.
b) Debe existir autorización judicial previa.
c) Debe concurrir alguna de las bases jurídicas previstas en la norma.
d) Debe comunicarse a la autoridad judicial.

En MADTEST tienes **más preguntas de este tema**, y todos tus avances quedan registrados y se reflejan en el ranking.

¡Supera tus límites con MADTEST!

Solución al test n.º 6

1. b) El artículo 18.4 CE que limita el uso de la informática para garantizar el honor y la intimidad personal.

2. c) El poder de disposición y control sobre los datos personales propios.

3. b) Toda información relativa a una persona física identificada o identificable.

4. d) Resulta directamente aplicable sin necesidad de transposición.

5. a) Tratamientos automatizados y tratamientos manuales incluidos en un sistema de archivo.

6. b) Actividades personales o domésticas sin conexión profesional.

7. d) Adoptar medidas para cumplir la norma y poder demostrar dicho cumplimiento.

8. c) Libre, específico, informado e inequívoco.

9. c) 14 años.

10. c) Sean tratados para fines determinados, explícitos y legítimos.

11. b) Los datos tratados sean adecuados, pertinentes y limitados a lo necesario.

12. d) Adoptar medidas para rectificar o suprimir datos incorrectos.

13. a) Debe conservar los datos solo durante el tiempo necesario para los fines del tratamiento.

14. c) Garantizando seguridad frente a accesos no autorizados y pérdidas.

15. c) Debe concurrir alguna de las bases jurídicas previstas en la norma.

TEST N.º 7

Derechos y deberes de los empleados públicos. Código de conducta. Régimen disciplinario. Régimen de incompatibilidades del personal al servicio de las Administraciones Públicas

1. El vigente texto refundido de la Ley del Estatuto Básico del Empleado Público fue aprobado por:

a) Real Decreto Legislativo 5/2015, de 30 de octubre.
b) Real Decreto Legislativo 2/2015, de 23 de octubre.
c) Real Decreto Legislativo 3/2015, de 23 de octubre.
d) Real Decreto Legislativo 6/2015, de 30 de octubre.

2. El derecho a la inamovilidad en la condición de funcionario de carrera implica que:

a) El funcionario no puede ser trasladado de puesto.
b) Ningún funcionario puede ser cesado en ningún caso.
c) Solo puede perder su condición mediante sanción de separación del servicio por falta muy grave.
d) Es un derecho aplicable a todo el personal al servicio de la Administración.

3. ¿Cuál de los siguientes es un derecho individual ejercido colectivamente por los empleados públicos?

a) La progresión en la carrera profesional.
b) La negociación colectiva.
c) La formación continua.
d) La percepción de retribuciones.

4. El teletrabajo en las Administraciones Públicas se caracteriza por ser:

a) Obligatorio para el empleado público.
b) Voluntario y reversible salvo supuestos excepcionales.
c) Exclusivo del personal laboral.
d) Incompatible con la modalidad presencial.

5. Los empleados públicos tienen derecho a la libertad de expresión:

a) En los términos que establezca una ley.
b) En los términos que se establezcan reglamentariamente.
c) A través de sus representantes sindicales.
d) Dentro de los límites del ordenamiento jurídico.

6. El calendario laboral en la Administración Pública es:

a) El instrumento técnico de evaluación del desempeño.
b) El instrumento técnico para distribuir la jornada y fijar horarios.
c) Un documento sindical obligatorio.
d) Un sistema de control disciplinario.

7. Los órganos de representación del personal laboral de las Administraciones Públicas son:

a) Los comités de empresa y los delegados de personal.
b) Los delegados de personal y las juntas de personal.
c) Los sindicatos más representativos.
d) Los sindicatos de la Administración Pública.

8. En el permiso de 16 semanas del progenitor diferente de la madre biológica por nacimiento, guarda con fines de adopción, acogimiento o adopción de un hijo o hija, serán en todo caso de descanso obligatorio:

a) Las seis semanas inmediatas posteriores al hecho causante.
b) Las tres semanas inmediatas posteriores al hecho causante.
c) Los quince días inmediatos posteriores al hecho causante.
d) Las cuatro semanas inmediatas posteriores al hecho causante.

9. Los Empleados Públicos:

a) Podrán voluntariamente acatar la Constitución y el resto de normas que integran el ordenamiento jurídico.
b) Podrán abstenerse en aquellos asuntos en los que tengan un interés personal.
c) Su actuación perseguirá la satisfacción de los intereses del Gobierno.
d) Guardarán secreto de las materias clasificadas.

10. Según el artículo 53 del EBEP, es un principio del código ético de los empleados públicos:

a) El desempeño de las tareas correspondientes a su puesto de trabajo se realizará de forma diligente y cumpliendo la jornada y el horario establecidos.
b) Honradez.

c) Respeto a la igualdad entre mujeres y hombres.

d) Ajustar su actuación a los principios de lealtad y buena fe con la Administración en la que presten sus servicios, y con sus superiores, compañeros, subordinados y con los ciudadanos.

11. El conjunto ordenado de oportunidades de ascenso y expectativas de progreso profesional conforme a los principios de igualdad, mérito y capacidad, se denomina:

a) Evaluación del desempeño.

b) Promoción profesional.

c) Promoción interna.

d) Carrera profesional.

12. Los funcionarios públicos tienen derecho a disfrutar cada año natural de unas vacaciones retribuidas de:

a) 30 días naturales.

b) 20 días hábiles.

c) 22 días hábiles.

d) 15 días hábiles.

13. El procedimiento mediante el cual se mide y valora la conducta profesional y el rendimiento o el logro de resultados de los empleados públicos, se denomina:

a) Carrera horizontal.

b) Evaluación del desempeño.

c) Concurso de méritos.

d) Mapa de competencias.

14. Las retribuciones de los funcionarios en prácticas:

a) Se corresponderán a las del sueldo del Subgrupo o Grupo, en el supuesto de que este no tenga Subgrupo, en que aspiren a ingresar.

b) No podrán superar las del sueldo del Subgrupo o Grupo, en el supuesto de que este no tenga Subgrupo, en que aspiren a ingresar.

c) Se determinarán de acuerdo con la legislación laboral, el convenio colectivo que sea aplicable y el contrato de trabajo.

d) Como mínimo, se corresponderán a las del sueldo del Subgrupo o Grupo, en el supuesto de que este no tenga Subgrupo, en que aspiren a ingresar.

15. ¿Podrá percibirse participación en tributos o en cualquier otro ingreso de las Administraciones Públicas como contraprestación de cualquier servicio, participación o premio en multas impuestas?

a) No, en ningún caso.

b) Sí, en cualquier caso.

c) No, excepto cuando estuviesen normativamente atribuidas a los servicios.

d) Sí, excepto cuando estuviesen normativamente atribuidas a los servicios.

En MADTEST tienes **más preguntas de este tema**, y todos tus avances quedan registrados y se reflejan en el ranking.

¡Supera tus límites con MADTEST!

Solución al test n.º 7

1. a) Real Decreto Legislativo 5/2015, de 30 de octubre.

2. c) Solo puede perder su condición mediante sanción de separación del servicio por falta muy grave.

3. b) La negociación colectiva.

4. b) Voluntario y reversible salvo supuestos excepcionales.

5. d) Dentro de los límites del ordenamiento jurídico.

6. b) El instrumento técnico para distribuir la jornada y fijar horarios.

7. a) Los comités de empresa y los delegados de personal.

8. a) Las seis semanas inmediatas posteriores al hecho causante.

9. d) Guardarán secreto de las materias clasificadas.

10. d) Ajustar su actuación a los principios de lealtad y buena fe con la Administración en la que presten sus servicios, y con sus superiores, compañeros, subordinados y con los ciudadanos.

11. d) Carrera profesional.

12. c) 22 días hábiles.

13. b) Evaluación del desempeño.

14. d) Como mínimo, se corresponderán a las del sueldo del Subgrupo o Grupo, en el supuesto de que este no tenga Subgrupo, en que aspiren a ingresar.

15. a) No, en ningún caso.

TEST N.º 8

El personal al servicio de las Administraciones Públicas. El texto refundido de la Ley del Estatuto Básico

1. El empleo en el sector público se caracteriza por estar configurado por un modelo:

a) Unitario de personal funcionario.
b) Unitario de personal estatutario.
c) Dual de regímenes jurídicos, personal funcionario y personal laboral.
d) De tres regímenes jurídicos, personal funcionario, personal laboral y personal de designación.

2. El EBEP contiene:

a) Aquello que es común al conjunto de los empleados públicos de todas las Administraciones Públicas.
b) Las normas legales específicas aplicables a los empleados públicos de todas las Administraciones Públicas.
c) Aquello que es común al conjunto de los funcionarios de todas las Administraciones Públicas, más las normas legales específicas aplicables al personal laboral a su servicio.
d) Aquello que es común al conjunto del personal laboral de todas las Administraciones Públicas, más las normas legales específicas aplicables al personal funcionario a su servicio.

3. Según su artículo 1.1, es objeto del EBEP establecer las .... del régimen estatutario de los funcionarios públicos incluidos en su ámbito de aplicación. Señalar la palabra que falta en la anterior frase:

a) Peculiaridades.
b) Especialidades.
c) Excepciones.
d) Bases.

4. Se regirá por la legislación específica dictada por el Estado y por las comunidades autónomas en el ámbito de sus respectivas competencias y por lo previsto en el EBEP, excepto el capítulo II del título III (salvo el artículo 20), y los artículos 22.3, 24 y 84:

a) El personal funcionario de las Universidades Públicas.
b) El personal funcionario y en lo que proceda el personal laboral al servicio de las Administraciones de las entidades locales.
c) El personal estatutario de los servicios de salud.
d) El personal funcionario y laboral al servicio de las Administraciones de las comunidades autónomas.

5. Las disposiciones del EBEP sólo se aplicarán directamente cuando así lo disponga su legislación específica al siguiente personal:

a) El personal funcionario de las entidades locales.
b) El personal estatutario de los Servicios de Salud.
c) Personal de las Fuerzas y Cuerpos de Seguridad.
d) El personal docente.

6. El Texto Refundido del Estatuto Básico del Empleado Público se aplicará directamente, sin necesidad de que lo disponga su legislación específica, al siguiente personal:

a) Personal funcionario de las Cortes Generales.
b) Personal del Centro Nacional de Inteligencia.
c) Personal de las Universidades Públicas.
d) Personal funcionario de las Asambleas Legislativas de las Comunidades Autónomas.

7. El Estatuto Básico del Empleado Público tendrá carácter supletorio:

a) Para el personal laboral al servicio de las Administraciones de las comunidades autónomas.
b) Para el personal docente.
c) Para el personal estatutario de los servicios de salud.
d) Para todo el personal de las Administraciones Públicas no incluido en su ámbito de aplicación.

8. Es un principio de actuación del EBEP:

a) La jerarquía en la atribución, ordenación y desempeño de las funciones y tareas.
b) La negociación en la atribución, ordenación y desempeño de las funciones y tareas.
c) La participación en la atribución, ordenación y desempeño de las funciones y tareas.
d) La promoción en la atribución, ordenación y desempeño de las funciones y tareas.

9. Según el artículo 1.3. del Texto Refundido de la Ley del Estatuto Básico del Empleado Público, uno de los fundamentos de actuación reflejados por el EBEP es:

a) La igualdad de trato entre mujeres y hombres.
b) La prevención de riesgos laborales.
c) La protección de datos de carácter personal.
d) La equiparación salarial entre Administraciones Públicas.

10. Señala la opción incorrecta. Según el artículo 1.3. del Texto Refundido de la Ley del Estatuto Básico del Empleado Público, con la inamovilidad en la condición de funcionario de carrera se garantiza en el servicio:

a) Objetividad.
b) Disponibilidad.
c) Profesionalidad.
d) Imparcialidad.

11. Según el artículo 1.3. del Texto Refundido de la Ley del Estatuto Básico del Empleado Público, uno de los fundamentos de actuación reflejados por el EBEP es:

a) Participación en la planificación y gestión de los recursos humanos.
b) Objetividad en la planificación y gestión de los recursos humanos.
c) Eficacia en la planificación y gestión de los recursos humanos.
d) Transparencia en la planificación y gestión de los recursos humanos.

12. Según el artículo 8 del Texto Refundido de la Ley del Estatuto Básico del Empleado Público, aprobado por el Real Decreto Legislativo 5/2015, de 30 de octubre, son empleados públicos quienes desempeñan funciones .... en las Administraciones Públicas al servicio de los intereses generales. Señala la palabra que falta en la anterior frase:

a) Directivas.
b) Exclusivas.
c) Administrativas.
d) Retribuidas.

13. Basándonos en el artículo 8 del Texto Refundido de la Ley del Estatuto Básico del Empleado Público, no es una clase de empleado público:

a) Funcionario de carrera.
b) Personal laboral.
c) Funcionario interino.
d) Funcionario eventual.

14. En la clasificación de los empleados públicos que realiza el artículo 8 del EBEP, no figura:

a) Funcionario interino.
b) Personal laboral.
c) Funcionario de carrera.
d) Personal temporal.

15. Corresponden en exclusiva a los funcionarios públicos, en los términos que en la ley de desarrollo de cada Administración Pública se establezca, el ejercicio de las funciones que impliquen la participación directa o indirecta:

a) En el archivo y documentación de información administrativa.
b) En tareas administrativas.
c) En el ejercicio de las potestades públicas.
d) En las tareas directivas.

En MADTEST tienes **más preguntas de este tema**, y todos tus avances quedan registrados y se reflejan en el ranking.

¡Supera tus límites con MADTEST!

Solución al test n.º 8

1. c) Dual de regímenes jurídicos, personal funcionario y personal laboral.

2. c) Aquello que es común al conjunto de los funcionarios de todas las Administraciones Públicas, más las normas legales específicas aplicables al personal laboral a su servicio.

3. d) Bases.

4. c) El personal estatutario de los servicios de salud.

5. c) Personal de las Fuerzas y Cuerpos de Seguridad.

6. c) Personal de las Universidades Públicas.

7. d) Para todo el personal de las Administraciones Públicas no incluido en su ámbito de aplicación.

8. a) La jerarquía en la atribución, ordenación y desempeño de las funciones y tareas.

9. a) La igualdad de trato entre mujeres y hombres.

10. b) Disponibilidad.

11. c) Eficacia en la planificación y gestión de los recursos humanos.

12. d) Retribuidas.

13. d) Funcionario eventual.

14. d) Personal temporal.

15. c) En el ejercicio de las potestades públicas.

TEST N.º 9

El Convenio Colectivo para el Personal Laboral al servicio de la Administración de la Comunidad de Madrid (2021-2024)

1. El Convenio Colectivo Único para el Personal Laboral al Servicio de la Comunidad de Madrid constituye una fuente normativa del Derecho del Trabajo aplicable al empleo público laboral que despliega eficacia general sobre los sujetos incluidos en su ámbito. Desde el punto de vista constitucional, la fuerza vinculante de sus cláusulas deriva directamente del reconocimiento del derecho a la negociación colectiva previsto en:

a) El artículo 28 CE relativo a la libertad sindical.
b) El artículo 37.1 CE que reconoce el derecho a la negociación colectiva y la fuerza vinculante del convenio.
c) El artículo 103 CE relativo al funcionamiento de la Administración pública.
d) El artículo 14 CE relativo al principio de igualdad.

2. Cuando se afirma que el convenio colectivo tiene naturaleza normativa, se hace referencia a que sus disposiciones no constituyen meros acuerdos obligacionales entre partes negociadoras, sino que:

a) Solo producen efectos entre la Administración y los sindicatos firmantes.
b) Requieren aceptación expresa del trabajador para su aplicación.
c) Se incorporan automáticamente a los contratos individuales de trabajo de los sujetos incluidos en su ámbito.
d) Carecen de eficacia directa.

3. El principio de vinculación a la totalidad del convenio colectivo responde a la idea de que el texto convencional constituye un sistema unitario de regulación de las condiciones de trabajo, lo que implica que:

a) Cada cláusula puede aplicarse de forma independiente.
b) Debe interpretarse como un todo orgánico e indivisible.
c) Solo vincula en materia retributiva.
d) Permite su modificación unilateral.

4. En el sistema de fuentes del Derecho laboral aplicable al personal laboral de la Administración, el convenio colectivo ocupa una posición determinada en relación con la ley y el contrato individual, de modo que:

a) Prevalece siempre sobre la ley.
b) Tiene rango constitucional.
c) Carece de eficacia frente al contrato.
d) Se sitúa jerárquicamente por debajo de la ley y por encima del contrato individual.

5. La determinación del ámbito temporal del Convenio Colectivo Único 2025–2028 responde a la necesidad de garantizar estabilidad en las condiciones de trabajo, estableciendo expresamente que su vigencia ordinaria se extiende:

a) Desde el 1 de enero de 2025 hasta el 31 de diciembre de 2028.
b) Desde 2024 hasta 2027.
c) Con duración indefinida.
d) Por periodos anuales prorrogables.

6. La previsión de ultraactividad plena del convenio colectivo implica que, una vez finalizado su periodo de vigencia inicial sin haberse aprobado un nuevo texto convencional:

a) El convenio pierde automáticamente su eficacia.
b) Solo se mantienen las condiciones económicas.
c) Se mantiene íntegramente vigente hasta la aprobación de otro convenio.
d) Se aplican únicamente normas legales.

7. La denuncia del convenio colectivo constituye un acto formal que inicia el proceso de negociación de uno nuevo y que, conforme a su regulación, debe realizarse:

a) En cualquier momento durante su vigencia.
b) Dentro del plazo fijado previo a la finalización de su vigencia.
c) Solo por resolución judicial.
d) Tras su extinción.

8. El ámbito subjetivo de aplicación del convenio colectivo viene determinado por la naturaleza jurídica de la relación de empleo mantenida con la Administración, por lo que se aplica fundamentalmente a:

a) Personal funcionario de carrera.
b) Personal eventual.
c) Personal laboral sometido al Estatuto de los Trabajadores.
d) Altos cargos.

9. Determinados colectivos quedan excluidos del ámbito de aplicación del convenio debido a la especialidad de su régimen jurídico, entre ellos:

a) El personal con contrato de alta dirección.
b) El personal laboral fijo.
c) El personal administrativo.
d) El personal técnico.

10. El elemento determinante para la inclusión de un trabajador dentro del ámbito del convenio colectivo no es la titulación o la categoría profesional, sino:

a) La antigüedad en el puesto.
b) La afiliación sindical.
c) La existencia de una relación laboral ordinaria con la Administración.
d) El nivel retributivo.

11. El personal funcionario queda excluido del ámbito del convenio colectivo porque su relación de servicio con la Administración se rige por un régimen jurídico distinto basado en:

a) El derecho privado.
b) El contrato laboral.
c) El derecho mercantil.
d) El derecho administrativo estatutario.

12. Desde una perspectiva material, el convenio colectivo no se limita a regular aspectos aislados de la relación laboral, sino que establece:

a) Solo el régimen retributivo.
b) El conjunto de condiciones de trabajo aplicables al personal laboral.
c) Solo la jornada laboral.
d) Exclusivamente el régimen disciplinario.

13. El convenio colectivo se estructura sistemáticamente en distintos títulos que organizan su contenido normativo, estableciendo una división formal en:

a) Cinco títulos.
b) Siete títulos.
c) Diez títulos con disposiciones adicionales y anexos.
d) Doce títulos.

14. El sistema de clasificación profesional regulado en el convenio responde a un modelo organizativo orientado a ordenar el trabajo en función de competencias y responsabilidades, regulándose principalmente en:

a) El régimen disciplinario.
b) La jornada laboral.

c) Los derechos sindicales.
d) La clasificación profesional.

15. El sistema de clasificación profesional previsto en el convenio se basa fundamentalmente en la organización del personal mediante:

a) Grupos profesionales definidos por funciones y responsabilidad.
b) Antigüedad del trabajador.
c) Nivel retributivo.
d) Evaluación anual.

En MADTEST tienes **más preguntas de este tema**, y todos tus avances quedan registrados y se reflejan en el ranking.

¡Supera tus límites con MADTEST!

Solución al test n.º 9

1. b) El artículo 37.1 CE que reconoce el derecho a la negociación colectiva y la fuerza vinculante del convenio.

2. c) Se incorporan automáticamente a los contratos individuales de trabajo de los sujetos incluidos en su ámbito.

3. b) Debe interpretarse como un todo orgánico e indivisible.

4. d) Se sitúa jerárquicamente por debajo de la ley y por encima del contrato individual.

5. a) Desde el 1 de enero de 2025 hasta el 31 de diciembre de 2028.

6. c) Se mantiene íntegramente vigente hasta la aprobación de otro convenio.

7. b) Dentro del plazo fijado previo a la finalización de su vigencia.

8. c) Personal laboral sometido al Estatuto de los Trabajadores.

9. a) El personal con contrato de alta dirección.

10. c) La existencia de una relación laboral ordinaria con la Administración.

11. d) El derecho administrativo estatutario.

12. b) El conjunto de condiciones de trabajo aplicables al personal laboral.

13. c) Diez títulos con disposiciones adicionales y anexos.

14. d) La clasificación profesional.

15. a) Grupos profesionales definidos por funciones y responsabilidad.

TEST N.º 10

La Ley 31/1995, de 8 de noviembre, de Prevención de Riesgos Laborales: objeto y carácter de la norma. Derecho a la protección frente a los riesgos laborales. Obligaciones de los trabajadores en materia de prevención de riesgos laborales

1. La Ley de Prevención de Riesgos laborales tiene por objeto:

a) Prevenir los accidentes en general.
b) Evitar riesgos en el recorrido al puesto de trabajo.
c) Promover la seguridad y la salud de los trabajadores.
d) Que cada vez haya menos accidentes de tráfico.

2. ¿Qué se entiende por "riesgo laboral"?

a) La posibilidad de que un trabajador sufra un determinado daño derivado del trabajo.
b) La posibilidad de que un trabajador sufra una enfermedad en el trabajo.
c) La posibilidad de que un trabajador sufra acoso.
d) El riesgo que supone el ir a trabajar.

3. Indica cuál es la definición de prevención:

a) La probabilidad racional de que un riesgo se materialice de forma inminente.
b) El estudio de los procesos potencialmente peligrosos para el trabajo.
c) Conjunto de actividades o medidas adoptadas o previstas en todas las fases de actividad de la empresa con el fin de evitar o disminuir los riesgos derivados del trabajo.
d) Posibilidad de que un trabajador sufra un determinado daño derivado del trabajo.

4. Según establece el art. 4 de la Ley 31/1995, de 8 de noviembre, de Prevención de Riesgos Laborales, se define como daños derivados del trabajo:

a) La posibilidad de que un trabajador sufra un determinado daño derivado del trabajo.
b) El que resulte probable racionalmente que se materialice en un futuro inmediato y pueda suponer y pueda suponer un daño grave para la salud de los trabajadores.
c) Las enfermedades, patologías o lesiones sufridas con motivo u ocasión del trabajo.
d) Cualquier máquina, aparato, instrumento o instalación utilizada en el trabajo.

5. Se considera como "condición de trabajo":

a) Cualquier característica del trabajo que pueda tener una influencia significativa en la generación de riesgos para la seguridad y la salud del trabajador, quedando excluidas las características generales de los locales e instalaciones, existentes en el centro de trabajo.

b) La naturaleza de los agentes físicos, químicos y biológicos presentes en el ambiente de trabajo y sus correspondientes intensidades, concentraciones o niveles de presencia además de las instalaciones, incluidas las características organizativas del trabajo.

c) Todas aquellas características del trabajo, excluidas las relativas a su organización y ordenación, que influyan en la magnitud de los riesgos a que esté expuesto el trabajador.

d) Todas son correctas.

6. Cualquier característica del trabajo que pueda tener una influencia significativa en la generación de riesgos para la seguridad y la salud del trabajador, es:

a) Una condición de trabajo.

b) Un factor de riesgo.

c) Un proceso potencialmente peligroso.

d) Una zona peligrosa.

7. ¿Cómo se define el concepto "riesgo laboral" en la ley vigente?

a) Como cualquier característica del trabajo que pueda tener una influencia significativa en la generación de riesgos para la seguridad y la salud del trabajador.

b) Como el conjunto de actividades o medidas adoptadas o previstas en todas las fases de actividad de la empresa con el fin de evitar o disminuir los riesgos derivados del trabajo.

c) Como la posibilidad de que un trabajador sufra un determinado daño derivado del trabajo.

d) Como las enfermedades, patologías o lesiones sufridas con motivo u ocasión del trabajo.

8. Señala la respuesta incorrecta:

a) La Ley de Prevención de Riesgos Laborales se aplica a los operativos de Seguridad civil en casos de catástrofe.

b) La Ley de Prevención de Riesgos Laborales se aplica a las sociedades cooperativas.

c) En el ámbito de la relación laboral de carácter especial del servicio del hogar familiar, las personas trabajadoras tienen derecho a una protección eficaz en materia de seguridad y salud en el trabajo.

d) En los establecimientos penitenciarios, se adaptarán a la Ley de Prevención de Riesgos Laborales aquellas actividades cuyas características justifiquen una regulación especial.

9. Para calificar un riesgo desde el punto de vista de su gravedad, se valorarán conjuntamente la severidad del daño y:

a) La probabilidad de que se produzca.
b) La cantidad de trabajadores de la empresa.
c) La existencia o no de equipos individuales de protección.
d) Las condiciones de trabajo.

10. ¿Quién debe garantizar a los trabajadores la vigilancia periódica de su estado de salud en función de los riesgos inherentes al trabajo?

a) La Inspección de Trabajo.
b) El propio trabajador.
c) El empresario.
d) Las secciones sindicales.

11. El derecho básico reconocido a los trabajadores por la Ley 31/1995, de 8 de noviembre, es:

a) La vigilancia de su estado de salud.
b) Una protección eficaz en materia de seguridad y salud en el trabajo.
c) La formación en materia preventiva.
d) La información, consulta y participación.

12. Entre los principios de la acción preventiva recogidos por el artículo 15 de la Ley de Prevención de Riesgos Laborales, no figura:

a) Evitar los riesgos.
b) Evaluar los riesgos que se puedan evitar.
c) Tener en cuenta la evolución de la técnica.
d) Dar las debidas instrucciones a los trabajadores.

13. ¿Cuál de los siguientes principios generales de la acción preventiva a aplicar en el trabajo, contenidos en la Ley de Prevención de Riesgos Laborales, es incorrecto?

a) Evaluar los riesgos que no se pueden evitar.
b) Priorizar medidas individuales a las colectivas.
c) Combatir los riesgos en su origen.
d) Tener en cuenta la evolución de la técnica.

14. En el marco de sus responsabilidades, el empresario realizará la prevención de los riesgos laborales mediante la integración en la empresa de:

a) Los equipos de protección individual.
b) Los Servicios de Prevención propios.

c) La actividad preventiva.
d) La normativa comunitaria.

15. Podrán realizar el plan de prevención de riesgos laborales, la evaluación de riesgos y la planificación de la actividad preventiva de forma simplificada, en atención a la naturaleza y peligrosidad de las actividades realizadas, empresas cuyo número de trabajadores no exceda de:

a) 30.
b) 50.
c) 80.
d) 100.

En MADTEST tienes **más preguntas de este tema**, y todos tus avances quedan registrados y se reflejan en el ranking.

¡Supera tus límites con MADTEST!

Solución al test n.º 10

1. c) Promover la seguridad y la salud de los trabajadores.

2. a) La posibilidad de que un trabajador sufra un determinado daño derivado del trabajo.

3. c) Conjunto de actividades o medidas adoptadas o previstas en todas las fases de actividad de la empresa con el fin de evitar o disminuir los riesgos derivados del trabajo.

4. c) Las enfermedades, patologías o lesiones sufridas con motivo u ocasión del trabajo.

5. b) La naturaleza de los agentes físicos, químicos y biológicos presentes en el ambiente de trabajo y sus correspondientes intensidades, concentraciones o niveles de presencia además de las instalaciones, incluidas las características organizativas del trabajo.

6. a) Una condición de trabajo.

7. c) Como la posibilidad de que un trabajador sufra un determinado daño derivado del trabajo.

8. a) La Ley de Prevención de Riesgos Laborales se aplica a los operativos de Seguridad civil en casos de catástrofe.

9. a) La probabilidad de que se produzca.

10. c) El empresario.

11. b) Una protección eficaz en materia de seguridad y salud en el trabajo.

12. b) Evaluar los riesgos que se puedan evitar.

13. b) Priorizar medidas individuales a las colectivas.

14. c) La actividad preventiva.

15. b) 50.

El principio de igualdad entre mujeres y hombres. La tutela contra la discriminación. El marco normativo para la promoción de la igualdad de género y para la protección integral contra la violencia de género, la LGTBIfobia y la discriminación por razón de orientación e identidad sexual. Especial referencia a la Comunidad de Madrid

1. La Constitución Española no solo proclama la igualdad formal ante la ley, sino que impone a los poderes públicos un mandato de actuación dirigido a remover obstáculos que impidan su efectividad. Este mandato se recoge específicamente en:

a) El artículo 14, relativo a la igualdad ante la ley.
b) El artículo 23, relativo al acceso a funciones públicas.
c) El artículo 9.2, que obliga a promover las condiciones para que la igualdad sea real y efectiva.
d) El artículo 103, relativo a la Administración pública.

2. Conforme a la doctrina del Tribunal Constitucional sobre el principio de igualdad, un trato diferenciado entre situaciones comparables será constitucionalmente admisible cuando:

a) Exista autorización reglamentaria expresa.
b) Persiga una finalidad legítima y resulte razonable y proporcionado.
c) Beneficie al interés económico general.
d) Tenga carácter permanente.

3. En relación con el artículo 14 CE, la enumeración de causas de discriminación prohibidas debe entenderse como:

a) Limitada exclusivamente a las previstas en la Constitución.
b) Aplicable solo en el ámbito laboral.
c) Vinculada únicamente a derechos fundamentales.
d) Una lista abierta que permite incluir otras circunstancias personales o sociales.

4. Cuando una norma aparentemente neutra produce una desventaja particular para un colectivo protegido sin justificación objetiva, estamos ante:

a) Discriminación indirecta.
b) Discriminación múltiple.
c) Acción positiva.
d) Represalia.

5. El trato desfavorable a una mujer relacionado con el embarazo o la maternidad constituye jurídicamente:

a) Acoso por razón de sexo.
b) Discriminación indirecta.
c) Discriminación directa por razón de sexo.
d) Medida protectora laboral.

6. El principio de transversalidad de género en las políticas públicas implica que:

a) La igualdad debe promoverse exclusivamente mediante sanciones.
b) La perspectiva de género debe integrarse en todas las actuaciones públicas.
c) La igualdad solo afecta al ámbito educativo.
d) Se limita a medidas de acción positiva.

7. La inversión de la carga de la prueba en materia de discriminación supone que:

a) El juez decide sin necesidad de prueba.
b) La prueba corresponde siempre al demandante.
c) La Administración asume la prueba en todo caso.
d) Aportados indicios de discriminación, el demandado debe acreditar la inexistencia de trato discriminatorio.

8. La Ley 15/2022, de igualdad de trato y no discriminación, se caracteriza por:

a) Establecer un marco general de protección frente a diversas formas de discriminación en distintos ámbitos.
b) Regular exclusivamente la igualdad laboral.
c) Sustituir la legislación autonómica en materia de igualdad.
d) Regular únicamente la igualdad retributiva.

9. La Ley Orgánica 3/2007 introduce como instrumento esencial para garantizar la igualdad en las empresas:

a) El control judicial previo de decisiones empresariales.
b) La implantación de planes de igualdad negociados y evaluables.

c) La mediación obligatoria en conflictos laborales.
d) El sistema de sanciones automáticas.

10. El Real Decreto 902/2020 tiene como finalidad principal:

a) Determinar salarios mínimos obligatorios.
b) Sustituir la negociación colectiva.
c) Garantizar la transparencia retributiva y prevenir discriminaciones salariales.
d) Regular el despido por discriminación.

11. La Ley Orgánica 1/2004 define la violencia de género como:

a) Manifestación de discriminación y relaciones de poder de los hombres sobre las mujeres.
b) Conflicto privado familiar.
c) Infracción administrativa.
d) Riesgo laboral.

12. Entre los derechos laborales reconocidos a las víctimas de violencia de género se encuentra:

a) La extinción automática del contrato.
b) La pérdida de antigüedad.
c) La reducción obligatoria del salario.
d) La suspensión del contrato con reserva del puesto de trabajo.

13. La Ley Orgánica 10/2022 sitúa como elemento central del sistema de protección frente a la violencia sexual:

a) La reparación económica.
b) El consentimiento.
c) La mediación obligatoria.
d) La denuncia previa.

14. Desde el punto de vista del Derecho administrativo, la vulneración del principio de igualdad por un acto administrativo produce con carácter general:

a) Recomendación administrativa.
b) Subsanación automática.
c) Nulidad del acto por vulneración de derechos fundamentales.
d) Caducidad del procedimiento.

15. El principio de igualdad en el acceso al empleo público implica que los procesos selectivos deben regirse por:

a) Antigüedad y jerarquía.
b) Discrecionalidad administrativa.
c) Libre designación generalizada.
d) Igualdad, mérito y capacidad.

En MADTEST tienes **más preguntas de este tema**, y todos tus avances quedan registrados y se reflejan en el ranking.

¡Supera tus límites con MADTEST!

Solución al test n.º 11

1. c) El artículo 9.2, que obliga a promover las condiciones para que la igualdad sea real y efectiva.

2. b) Persiga una finalidad legítima y resulte razonable y proporcionado.

3. d) Una lista abierta que permite incluir otras circunstancias personales o sociales.

4. a) Discriminación indirecta.

5. c) Discriminación directa por razón de sexo.

6. b) La perspectiva de género debe integrarse en todas las actuaciones públicas.

7. d) Aportados indicios de discriminación, el demandado debe acreditar la inexistencia de trato discriminatorio.

8. a) Establecer un marco general de protección frente a diversas formas de discriminación en distintos ámbitos.

9. b) La implantación de planes de igualdad negociados y evaluables.

10. c) Garantizar la transparencia retributiva y prevenir discriminaciones salariales.

11. a) Manifestación de discriminación y relaciones de poder de los hombres sobre las mujeres.

12. d) La suspensión del contrato con reserva del puesto de trabajo.

13. b) El consentimiento.

14. c) Nulidad del acto por vulneración de derechos fundamentales.

15. d) Igualdad, mérito y capacidad.

TEST
PARTE ESPECÍFICA

Alimentos: nutrición y dietética. Clases de alimentos y nutrientes. Hidratos de carbono, grasas, proteínas, vitaminas, minerales

1. De los siguientes productos, ¿cuáles no son derivados de la leche?

a) Nata y mantequilla.
b) Queso y requesón.
c) Sueros lácteos.
d) Cafeína.

2. Señala cuál de las siguientes afirmaciones es correcta:

a) La canal incluye la carne y todas las vísceras del animal.
b) Los derivados cárnicos son productos alimenticios preparados total o parcialmente con carnes o despojos sometidos a operaciones específicas.
c) Los productos tales como solomillo, entrecot, bistec, chuletas, etc., se consideran derivados cárnicos.
d) Todas las respuestas anteriores son correctas.

3. El Código Alimentario Español, dentro del grupo de "pescados", incluye los siguientes:

a) Aquellos animales que viven en el agua y son comestibles.
b) Exclusivamente a los vertebrados marinos.
c) Exclusivamente a los vertebrados de agua dulce.
d) Todos excepto las ballenas, por ser mamíferos.

4. ¿Cuál de las siguientes afirmaciones es falsa?

a) El pescado tiene menos grasas saturadas y menos colesterol que algunas carnes.
b) El pescado azul tiene mayor valor calórico que el blanco.
c) El pescado fresco tiene mayor valor nutritivo que el congelado.
d) Todas son falsas.

5. ¿Cuándo se considera que un huevo es fresco?

a) Cuando se mantiene en cámaras a temperatura no superior a 4 ºC durante un tiempo inferior a 30 días.
b) Cuando está conservado por encima de 0 ºC durante una semana como máximo.
c) Sólo se considera fresco el huevo recién puesto.
d) Cuando no ha sido refrigerado ni conservado por ningún método.

6. Un huevo que ha sido incubado se dice que es un huevo:

a) Fresco.
b) Defectuoso.
c) Averiado.
d) Podrido.

7. ¿Qué tipo de alimento son las habas?

a) Frutos.
b) Legumbres.
c) Bulbos.
d) Frutas.

8. ¿Cómo se denomina el tocino entreverado que ha sido sometido a operaciones de ahumado, salazón o adobo?

a) Panceta.
b) Bacón.
c) Papada.
d) Lomo.

9. ¿Qué tipo de aditivo es el E-122 carmoisina?

a) Potenciador del sabor.
b) Conservante.
c) Colorante.
d) Espesante.

10. ¿Qué tratamiento recibirá la leche destinada para el consumo de colectividades?

a) Ninguno, porque la leche cruda es muy nutritiva.
b) Debe recibir algún tratamiento térmico.
c) Será siempre leche especial sin tratar.
d) Todas las respuestas son correctas.

11. ¿Cómo se denomina la leche modificada por acción microbiana?

a) Leche enriquecida.
b) Leche desnatada.
c) Leche fermentada.
d) Leche adicionada de aromas.

12. Señala cuál de las siguientes afirmaciones es correcta:

a) La leche esterilizada es leche natural, sometida a un proceso tecnológico tal, que asegure la destrucción de los microorganismos y la inactividad de sus formas de resistencia.
b) La leche evaporada es leche esterilizada a la que se le añade agua.
c) Leche condensada es la leche higienizada y concentrada por eliminación de agua, sin añadirle azúcares.
d) Leche en polvo es aquella que se congela y posteriormente se tritura.

13. Según su composición podemos decir que hay natas de los siguientes tipos:

a) Batidas o montadas.
b) De vaca, oveja o cabra.
c) Doble nata, delgada o ligera.
d) Todas son correctas.

14. ¿Qué es la caseína?

a) Líquido formado por parte de los componentes de la leche.
b) Es el principal componente proteico de la leche.
c) Producto obtenido precipitando las proteínas en medio ácido, por el calor.
d) Ninguna es correcta.

15. ¿Cómo se denomina al pollo castrado y bien cebado?

a) Gallina.
b) Pichón.
c) Capón.
d) Lechón.

En MADTEST tienes **más preguntas de este tema**, y todos tus avances quedan registrados y se reflejan en el ranking.

¡Supera tus límites con MADTEST!

Solución al test n.º 12

1. d) Cafeína.

2. b) Los derivados cárnicos son productos alimenticios preparados total o parcialmente con carnes o despojos sometidos a operaciones específicas.

3. a) Aquellos animales que viven en el agua y son comestibles.

4. c) El pescado fresco tiene mayor valor nutritivo que el congelado.

5. d) Cuando no ha sido refrigerado ni conservado por ningún método.

6. c) Averiado.

7. b) Legumbres.

8. b) Bacón.

9. c) Colorante.

10. b) Debe recibir algún tratamiento térmico.

11. c) Leche fermentada.

12. a) La leche esterilizada es leche natural, sometida a un proceso tecnológico tal, que asegure la destrucción de los microorganismos y la inactividad de sus formas de resistencia.

13. c) Doble nata, delgada o ligera.

14. b) Es el principal componente proteico de la leche.

15. c) Capón.

TEST N.º 13

Necesidades nutricionales en las personas según su edad

1. ¿A cuál de los siguientes factores se debe adaptar la dieta de cada persona?

a) A la edad.
b) Al peso.
c) A los gustos y costumbres.
d) La dieta se adaptará a todos y cada uno de los factores anteriores.

2. ¿Cuál de los siguientes alimentos no contiene gluten?

a) Garbanzos.
b) Higos secos.
c) Macarrones.
d) Galletas.

3. Algunos niños no son capaces de comer un primer y un segundo plato. Se puede ofrecer entonces un plato único, pero, ¿qué requisitos debe tener éste?

a) Contendrá al menos carne y pescado, así como una verdura.
b) Contendrá lo mismo que un primer plato, o un segundo plato.
c) Contendrá todos los elementos de un primer y un segundo platos (carne o pescado, patatas, legumbres u hortalizas, etc.).
d) Nunca se ofrecerá plato único por no constituir una dieta equilibrada.

4. ¿A qué edad puede empezar un niño a introducir alimentos sólidos en la dieta?

a) A partir de los 3 meses.
b) A partir de los 4-5 meses.
c) A partir de los 7 meses.
d) A partir de los 9 meses.

5. ¿Cuántos meses es recomendable que un lactante tome leche materna?

a) Los expertos recomiendan que los niños se alimenten con leche materna hasta al menos los 6 meses.
b) Los expertos recomiendan que los niños se alimenten con leche materna hasta al menos los 2 meses.
c) Los expertos recomiendan que los niños se alimenten con leche materna hasta al menos los 24 meses.
d) Los expertos recomiendan que los niños se alimenten con leche materna hasta al menos los 12 meses.

6. ¿Cuál de las siguientes afirmaciones es falsa?

a) Los calostros (las secreciones de los primeros días) tienen gran importancia biológica para el recién nacido.
b) El amamantar a los niños les aporta muchos beneficios al bebé.
c) La lactancia materna no beneficia a la madre.
d) La lactancia materna contribuye a prevenir la aparición de enfermedades degenerativas en la edad adulta como la hipertensión arterial, resistencia a la insulina, diabetes o enfermedades cardiovasculares.

7. ¿Qué frutas se pueden introducir en la dieta del niño a partir de los 5 meses?

a) Manzana.
b) Naranja.
c) Fresa.
d) Las respuestas a) y b) son ciertas.

8. ¿Qué frutas pueden causar alergias a los niños de 5 meses?

a) Manzana.
b) Plátano.
c) Pera.
d) Moras.

9. ¿Cuál de los siguientes alimentos no se pueden introducir antes de los 6 meses?

a) Plátano.
b) Sémola de arroz.
c) Calabacín.
d) Pescado azul.

10. ¿Qué verduras se pueden introducir en la dieta del niño entre los 5 y 6 meses?

a) Zanahoria.
b) Alcachofa.

c) Col.
d) Ensalada cruda.

11. ¿Qué alimento no puede consumir el niño de 7 meses?

a) Pan.
b) Galletas tipo María.
c) Bayas.
d) Pasta como la sopa de estrellas.

12. ¿Cuál de las siguientes afirmaciones es falsa?

a) A partir de los 4-5 meses se inicia, de forma progresiva, la diversificación.
b) A los 5 meses se pueden añadir a la leche cereales con gluten.
c) A los 8 meses se puede introducir tomate hervido (sin piel ni semillas).
d) A los 8 meses se puede introducir una cucharada de postre de mantequilla o margarina vegetal en una de las tomas (sin calentar), de forma esporádica.

13. ¿Cuándo se pueden añadir los quesos secos?

a) A partir de los 3 meses.
b) A partir de los 6 meses.
c) A partir de los 12 meses.
d) A partir de los 24 meses.

14. ¿Cuál de las siguientes afirmaciones es falsa?

a) A partir de los 15 meses, para desayunar, se puede probar con la introducción de cereales de desayuno con azúcar, miel, cacao o fibra dietética, mezclados con leche.
b) A partir de los 15 meses, y de forma esporádica y en pequeñas cantidades, se pueden tomar magdalenas, galletas y bizcochos ligeros, si es posible de elaboración casera.
c) A partir de los 15 meses se pueden dar verduras de la familia de las coles y alcachofa, teniendo en cuenta que son flatulentas, sin olvidar la presencia de patata.
d) A partir de los 12 meses ya se puede introducir la carne de cordero sin grasa y el jamón salado.

15. ¿Cuándo se pueden introducir las lentejas?

a) Entre los 12 y los 15 meses.
b) Entre los 3 y los 4 meses.
c) A partir de los 32 meses.
d) A los 6 meses.

En MADTEST tienes **más preguntas de este tema**, y todos tus avances quedan registrados y se reflejan en el ranking.

¡Supera tus límites con MADTEST!

Solución al test n.º 13

1. d) La dieta se adaptará a todos y cada uno de los factores anteriores.

2. a) Garbanzos.

3. c) Contendrá todos los elementos de un primer y un segundo platos (carne o pescado, patatas, legumbres u hortalizas, etc.).

4. b) A partir de los 4-5 meses.

5. a) Los expertos recomiendan que los niños se alimenten con leche materna hasta al menos los 6 meses.

6. c) La lactancia materna no beneficia a la madre.

7. d) Las respuestas a) y b) son verdaderas.

8. d) Moras.

9. d) Pescado azul.

10. a) Zanahoria.

11. c) Bayas.

12. b) A los 5 meses se pueden añadir a la leche cereales con gluten.

13. c) A partir de los 12 meses.

14. a) A partir de los 15 meses, para desayunar, se puede probar con la introducción de cereales de desayuno con azúcar, miel, cacao o fibra dietética, mezclados con leche.

15. a) Entre los 12 y los 15 meses.

TEST N.º 14

Dietoterapia: conceptos básicos y elaboración de menús y dietas. Cálculo de cantidades de género por persona y menú

1. ¿Cuál de las siguientes afirmaciones no es correcta?

a) En una dieta hipocalórica se ingieren menos calorías.
b) En una dieta hipocalórica no se reduce el aporte de vitaminas.
c) En una dieta hipocalórica se reduce el aporte de minerales.
d) La dieta hipocalórica es recomendada contra la obesidad.

2. ¿Cuándo se puede hablar de déficit nutricional?

a) Cuando la cantidad de nutrientes y proporción de los mismos es equilibrada.
b) Cuando el aporte energético diario responde a los requerimientos de cada individuo.
c) Cuando el aporte de algún nutriente no es suficiente.
d) Todas las respuestas son correctas.

3. Si con la dieta se obtiene diariamente menos energía de la que se necesita, ¿qué ocurre?

a) El organismo obtiene más energía de las reservas almacenadas en forma de proteínas.
b) El organismo obtiene más energía de las reservas almacenadas en forma de grasas.
c) El organismo funciona con menos energía.
d) La dieta siempre aporta energía suficiente.

4. ¿Qué requisitos debe cumplir la dieta?

a) Aportar suficiente energía.
b) Ser equilibrada.
c) Debe contener todos los nutrientes.
d) Todas las respuestas son correctas.

5. ¿En cuál de estas dietas está reducido el uso de sal?

a) Hipocalórica.
b) Hiposódica.

c) Hipoproteica.

d) Progresiva.

6. Según la Organización Mundial de la Salud, ¿en qué consiste una buena nutrición?

a) Una dieta suficiente y equilibrada combinada con el ejercicio físico regular.

b) Una dieta suficiente y equilibrada en sí misma.

c) La combinación de una dieta rica en hidratos de carbono combinada con ejercicio físico.

d) La que combina todos los nutrientes en la misma proporción.

7. ¿Cómo se define el metabolismo basal?

a) Valor mínimo de energía necesaria para que el organismo realice sus funciones metabólicas esenciales.

b) Gasto energético diario máximo para que el cuerpo pueda seguir funcionando.

c) Propiedad que poseen los alimentos de aumentar la energía necesaria para realizar las funciones vitales, una vez introducidos en el organismo.

d) Son correctas las respuestas a) y b).

8. ¿Qué recomienda la estrategia NAOS para llevar una dieta equilibrada?

a) Alimentos cuyo consumo se recomienda varias veces todos los días, como: cereales y verduras.

b) Alimentos cuyo consumo se recomienda varias veces a la semana: alimentos con función plástica o reguladora.

c) Alimentos cuyo consumo debe ser ocasional: se trata de alimentos con un alto contenido en ácidos grasos saturados, azúcares y sal.

d) Todas las respuestas son correctas.

9. La composición cuantitativa de las dietas hace referencia a:

a) Recomendaciones higiénicas y nutricionales.

b) Indicaciones terapéuticas.

c) Cantidades y proporciones.

d) Tipos de alimentos incluidos.

10. ¿Qué es una dieta basal?

a) Es una dieta rica en fibra y pobre en oxalatos.

b) Es una dieta sin restricción de nutrientes o alimentos específicos, destinada a personas sanas.

c) Es una dieta que varía en función de la enfermedad que padece el paciente.

d) Es una dieta de transición entre la alimentación parenteral y el inicio de la alimentación oral.

11. ¿Para qué sirve la dietoterapia?

a) Es la adaptación de la alimentación a las diferentes alteraciones metabólicas y/o digestivas producidas por una patología, siempre a través del uso balanceado de los diferentes grupos de alimentos.

b) Es el proceso voluntario que tiene como objetivo el obtener del entorno alimentos con los que poder aportar a nuestro organismo los nutrientes que precisa para la vida.

c) Engloba el conjunto de procesos mediante los cuales el organismo utiliza, transforma e incorpora en sus propias estructuras una serie de sustancias que proceden de los alimentos con el objetivo de obtener energía, construir y reparar las estructuras orgánicas, y regular los diferentes procesos metabólicos.

d) Es la disciplina que estudia los regímenes alimenticios en la salud o en la enfermedad (dietoterapia), de acuerdo con los conocimientos sobre fisiología de la nutrición en el primer caso y sobre la fisiopatología del trastorno en cuestión en el segundo.

12. ¿Cuál de las siguientes respuestas es falsa?

a) La nutrición de un enfermo frecuentemente se ve alterada por la existencia de anorexia (falta de apetito).

b) La nutrición de un enfermo frecuentemente se ve alterada por alteraciones en las funciones digestivas, metabólicas, de absorción o excreción, o bien, alteraciones en la normal utilización de los nutrientes y su metabolismo.

c) Las enfermedades no interfieren en las funciones de la nutrición ni complican la evolución favorable del enfermo.

d) Para que la recuperación de un enfermo sea más temprana es necesaria una asociación simultánea de la prescripción terapéutica y dietética.

13. ¿Cuál es el objetivo de la dieta terapéutica?

a) Ser el único tratamiento de la enfermedad como en el caso de la diabetes tipo 2.

b) Formar parte del tratamiento junto a los fármacos como en el caso de la diabetes tipo 1.

c) Prevenir la aparición de síntomas como el dolor que se presenta en enfermedades.

d) Todas las respuestas son correctas.

14. ¿Cuál de las siguientes respuestas es verdadera?

a) La elaboración de una dieta terapéutica requiere tener en cuenta la función digestiva del enfermo.

b) Cuando un enfermo no tiene la capacidad de ingerir los alimentos convencionales con normalidad se debe recurrir obligatoriamente a una alimentación enteral por sonda o bien a través de una vía endovenosa.

c) Todos los enfermos necesitan la misma dieta o régimen adaptado.

d) Las respuestas a) y b) son verdaderas.

15. ¿Qué factores determinan la nutrición de un enfermo?

a) La existencia de anorexia (falta de apetito).

b) El aporte insuficiente de nutrientes específicos y calorías.

c) Las alteraciones en las funciones digestivas, metabólicas, de absorción o excreción, o bien, alteraciones en la normal utilización de los nutrientes y su metabolismo.

d) Todas las respuestas son correctas.

En MADTEST tienes **más preguntas de este tema**, y todos tus avances quedan registrados y se reflejan en el ranking.

¡Supera tus límites con MADTEST!

Solución al test n.º 14

1. c) En una dieta hipocalórica se reduce el aporte de minerales.

2. c) Cuando el aporte de algún nutriente no es suficiente.

3. b) El organismo obtiene más energía de las reservas almacenadas en forma de grasas.

4. d) Todas las respuestas son correctas.

5. b) Hiposódica.

6. a) Una dieta suficiente y equilibrada combinada con el ejercicio físico regular.

7. a) Valor mínimo de energía necesaria para que el organismo realice sus funciones metabólicas esenciales.

8. d) Todas las respuestas son correctas.

9. c) Cantidades y proporciones.

10. b) Es una dieta sin restricción de nutrientes o alimentos específicos, destinada a personas sanas.

11. a) Es la adaptación de la alimentación a las diferentes alteraciones metabólicas y/o digestivas producidas por una patología, siempre a través del uso balanceado de los diferentes grupos de alimentos.

12. c) Las enfermedades no interfieren en las funciones de la nutrición ni complican la evolución favorable del enfermo.

13. d) Todas las respuestas son correctas.

14. d) Las respuestas a) y b) son verdaderas.

15. d) Todas las respuestas son correctas.

TEST N.º 15

Manipulación de alimentos (I): normas sobre manipulación de alimentos y buenas prácticas de manipulación. Concepto de análisis de peligros. Alergias e intolerancias. Contaminaciones cruzadas

1. ¿Quién impartirá la formación a los manipuladores de alimentos?

a) La propia empresa o una entidad autorizada por la autoridad sanitaria competente.
b) La propia empresa siempre.
c) La autoridad competente.
d) Una empresa auditora.

2. Garantizarán que los manipuladores de alimentos dispongan de una formación adecuada en higiene de los alimentos de acuerdo con su actividad laboral:

a) Las empresas del sector alimentario.
b) La Comunidad Autónoma respectiva.
c) La autoridad sanitaria competente.
d) Las opciones a) y b) son correctas.

3. ¿Qué se entiende por productos primarios?

a) Los productos de producción primaria, incluidos los de la tierra, ganadería, caza y pesca.
b) Los productos de producción agrícola exclusivamente.
c) Todos los productos de elaboración básica.
d) Los productos precocinados.

4. Para garantizar la protección de los productos primarios contra focos de contaminación, ¿qué medida/s higiénica/s tendrá en cuenta la empresa alimentaria?

a) Mantendrán limpias las instalaciones, equipos, contenedores y vehículos.
b) Evitarán la contaminación por plagas u otros animales, residuos y sustancias peligrosas.
c) Vigilarán el buen estado de salud de los manipuladores, y se asegurarán de que reciben la formación necesaria sobre riesgos sanitarios.
d) Todas las respuestas son correctas.

5. ¿Qué requisitos exige el Reglamento 852/2004 del Parlamento Europeo, para los locales destinados a los productos alimenticios?

a) Habrá ventilación artificial para evitar tener que hacer control de temperatura.
b) Se evitarán las corrientes de aire desde zonas contaminadas a zonas limpias.
c) Dispondrán siempre de buena iluminación natural.
d) Todas las respuestas son correctas.

6. ¿Qué características tendrán las superficies donde se manipulen alimentos?

a) Serán de materiales porosos con fácil absorción.
b) Las superficies serán rugosas para evitar el deslizamiento de los materiales durante la manipulación.
c) Serán de materiales lisos, lavables, resistentes a la corrosión y no tóxicos.
d) No hay requisitos sobre las características de los materiales que entren en contacto con los alimentos, tan solo se deberán mantener limpios.

7. Los contenedores utilizados para transporte de productos alimenticios, ¿podrán transportar algo que no sean productos alimenticios?

a) No, nunca.
b) Sí, siempre que exista una separación efectiva de los productos para evitar contaminación.
c) Sí. No tienen por qué ser exclusivos para productos alimenticios.
d) Cada producto debe ir obligatoriamente en un contenedor, aunque podrá ser transportado en el mismo vehículo.

8. El Reglamento 852/2004 establece las disposiciones aplicables a los productos alimenticios. Indica cuál de las siguientes es falsa:

a) Las materias primas e ingredientes se almacenarán en condiciones adecuadas, que permitan evitar su deterioro y protegerlos de la contaminación.
b) Las materias primas o productos no deberán conservarse a temperaturas que puedan dar lugar a riesgos para la salud.
c) Cuando un operador de empresa alimentaria prevea razonablemente que una materia prima pueda estar contaminada, la someterá a cocción prolongada para eliminar los microorganismos.
d) La descongelación se hará de modo que se reduzca al mínimo el riesgo de multiplicación de microorganismos patógenos o la formación de toxinas.

9. ¿Qué objetivos tiene la formación de los manipuladores de alimentos?

a) Actualizar los cambios normativos y tecnológicos.
b) Mejorar los hábitos de los manipuladores y promover las prácticas correctas.
c) Responder a las exigencias de la normativa vigente.
d) Todas las respuestas son correctas.

10. Según el Reglamento (CE) 852/2004 del Parlamento Europeo y del Consejo, de 29 de abril, los operadores de empresa alimentaria deberán garantizar:

a) La supervisión, instrucción y formación de los manipuladores de alimentos en cuestiones de higiene alimentaria.
b) La vigencia de la normativa en materia de higiene alimentaria.
c) La formación de los inspectores de la autoridad competente en materia de higiene alimentaria.
d) Todas las respuestas son falsas.

11. ¿Qué obligación tiene la empresa alimentaria con la autoridad competente?

a) Deberá cooperar y notificar todos los establecimientos que estén bajo su control con el fin de proceder a su registro.
b) Enviará informe diario pormenorizado sobre la actividad de la empresa.
c) Registrará la contabilidad mensual.
d) La normativa vigente no establece obligaciones con la autoridad competente.

12. ¿Qué finalidad tiene el Catálogo Nacional de Cualificaciones Profesionales?

a) Establecer la norma que regula cada una de las profesiones.
b) Definir los contenidos de las diferentes titulaciones universitarias.
c) Ordena las cualificaciones profesionales susceptibles de reconocimiento y acreditación, identificadas en el sistema productivo en función de las competencias apropiadas para el ejercicio profesional.
d) Dividir las profesiones en grupos familiares y módulos en función de los niveles salariales.

13. ¿Cómo se acredita la realización de actividades formativas?

a) Mediante la concesión de un boletín informativo.
b) A través de la expedición de certificado individual.
c) Realizando exámenes periódicos que demuestren que se mantienen actualizados los conocimientos adquiridos.
d) La formación continuada no se acredita.

14. ¿Pará qué se realizan los exámenes médicos?

a) Para determinar el estado de salud de un individuo.
b) Para prevenir la transmisión de enfermedades.
c) Para identificar individuos enfermos, pero no portadores sanos.
d) Ninguna respuesta es correcta.

15. ¿Qué norma establece las infracciones en materia de seguridad alimentaria y las sanciones correspondientes?

a) El Reglamento 852/2004 del Parlamento Europeo y del Consejo, de 29 de abril, relativo a la higiene de los productos alimenticios.

b) La Ley 17/2009, de 23 de noviembre.

c) El Real Decreto 202/2000, de 11 de febrero, por el que se establecen las normas relativas a los manipuladores de alimentos.

d) La Ley 17/2011, de 5 de julio, de seguridad alimentaria y nutrición.

En MADTEST tienes **más preguntas de este tema**, y todos tus avances quedan registrados y se reflejan en el ranking.

¡Supera tus límites con MADTEST!

Solución al test n.º 15

1. a) La propia empresa o una entidad autorizada por la autoridad sanitaria competente.

2. a) Las empresas del sector alimentario.

3. a) Los productos de producción primaria, incluidos los de la tierra, ganadería, caza y pesca.

4. d) Todas las respuestas son correctas.

5. b) Se evitarán las corrientes de aire desde zonas contaminadas a zonas limpias.

6. c) Serán de materiales lisos, lavables, resistentes a la corrosión y no tóxicos.

7. b) Si, siempre que exista una separación efectiva de los productos para evitar contaminación.

8. c) Cuando un operador de empresa alimentaria prevea razonablemente que una materia prima pueda estar contaminada, la someterá a cocción prolongada para eliminar los microorganismos.

9. d) Todas las respuestas son correctas.

10. a) La supervisión, instrucción y formación de los manipuladores de alimentos en cuestiones de higiene alimentaria.

11. a) Deberá cooperar y notificar todos los establecimientos que estén bajo su control con el fin de proceder a su registro.

12. c) Ordena las cualificaciones profesionales susceptibles de reconocimiento y acreditación, identificadas en el sistema productivo en función de las competencias apropiadas para el ejercicio profesional.

13. b) A través de la expedición de certificado individual.

14. a) Para determinar el estado de salud de un individuo.

15. d) La Ley 17/2011, de 5 de julio, de seguridad alimentaria y nutrición.

**Manipulación de alimentos (II): higiene necesaria
en su elaboración. Higiene en los locales y útiles de trabajo.
Hábitos higiénicos del manipulador: higiene personal.
Limpieza de despensas y cámaras frigoríficas**

1. ¿Qué finalidad tiene la diferenciación entre actividades de sucio y actividades de limpio en la cocina profesional?

a) Reducir el riesgo de contaminación cruzada durante la manipulación de alimentos.
b) Incrementar la velocidad del servicio en sala.
c) Disminuir el consumo de agua potable.
d) Unificar todas las tareas en una misma zona de trabajo.

2. ¿Cuál de las siguientes operaciones se considera una actividad de sucio?

a) Fileteado y racionado de alimentos ya acondicionados.
b) Conservación refrigerada de productos listos para cocinar.
c) Corte y troceado en zona higienizada.
d) Eviscerado y desescamado de pescados.

3. En relación con las prácticas correctas de higiene en cocina caliente, ¿cuál de las siguientes medidas es obligatoria antes del inicio de la jornada?

a) Organizar los menús del día en función de la demanda prevista.
b) Verificar que todas las superficies, equipos y utensilios estén limpios, desinfectados y en condiciones operativas adecuadas.
c) Mezclar diferentes materias primas en recipientes amplios para optimizar espacio.
d) Encender los equipos de cocción sin comprobar su estado higiénico.

4. ¿Cuál es la temperatura recomendada para la conservación de alimentos refrigerados en la cocina caliente?

a) Entre 8 °C y 10 °C.
b) Entre –5 °C y 0 °C.

c) Entre 0 °C y 4 °C.
d) Entre 10 °C y 15 °C.

5. ¿Cuál de las siguientes prácticas es obligatoria en la cocina fría para prevenir la contaminación cruzada?

a) Utilizar superficies de madera tratada para facilitar el corte.
b) Limpiar y desinfectar superficies y equipos tras cada cambio de materia prima.
c) Almacenar conjuntamente carnes y pescados si están en recipientes cerrados.
d) Mantener los productos refrigerados a temperaturas superiores a 8 °C.

6. En relación con la conservación de productos en cocina fría, señale la opción correcta:

a) Los productos destinados a consumo en el día deben conservarse entre 6 °C y 8 °C.
b) Los alimentos pueden congelarse sin separación interna si pertenecen al mismo grupo.
c) Los productos no destinados a consumo inmediato deben almacenarse a temperaturas iguales o inferiores a −18 °C.
d) Los pescados pueden almacenarse directamente sobre el suelo si están embalados.

7. ¿Cuál de las siguientes medidas es obligatoria en la zona de preparación de verduras para garantizar condiciones higiénicas adecuadas?

a) Utilizar superficies de madera para evitar el deterioro de los cuchillos.
b) Disponer de un fregadero profundo con agua potable fría y caliente destinado al lavado de vegetales.
c) Mezclar verduras lavadas y sin lavar para agilizar el proceso.
d) Colocar las materias primas directamente sobre el suelo si están envasadas.

8. En relación con la organización del trabajo durante la preparación de verduras, señale la opción correcta:

a) Los desperdicios pueden acumularse temporalmente sobre la mesa si la jornada es corta.
b) Las tareas que generan mayor suciedad deben realizarse al inicio de la preparación.
c) Es recomendable mezclar materias primas con distinto estado higiénico en un mismo recipiente.
d) Los desperdicios deben eliminarse de forma continua para evitar acumulaciones.

9. ¿Cómo se aplica el Principio PEPS (Primero en Entrar, Primero en Salir) en el almacén de productos secos?

a) Utilizando primero los productos con fecha de caducidad más lejana.
b) Colocando los productos nuevos delante de los antiguos para facilitar su acceso.

c) Empleando en primer lugar los productos que ingresaron antes y rotulando los envases con la fecha de entrada.

d) Almacenando todos los productos sin considerar el orden de llegada.

10. En relación con la organización del almacén de productos secos, ¿qué medida debe adoptarse respecto a los productos químicos?

a) Almacenarlos junto a los alimentos si están correctamente cerrados.

b) Guardarlos en los mismos estantes inferiores para optimizar espacio.

c) Ubicarlos en espacios separados y seguros, alejados de los alimentos.

d) Colocarlos en recipientes sin identificación para evitar confusiones.

11. En relación con la distribución de los alimentos en el almacén, ¿cuál es la distancia mínima que debe mantenerse entre las hileras de productos y las paredes?

a) 0,15 m para facilitar el apilamiento.

b) 0,20 m para permitir el paso del personal.

c) 0,30 m para optimizar el espacio disponible.

d) 0,50 m para evitar acumulación de humedad y facilitar la limpieza y ventilación.

12. ¿Qué actuación forma parte del plan de control de plagas en el almacén de productos secos?

a) Almacenar los sacos directamente sobre el suelo para detectar antes la presencia de insectos.

b) Inspeccionar periódicamente la presencia de excrementos, envases dañados o restos de insectos.

c) Mantener puertas y ventanas abiertas para favorecer la ventilación continua.

d) Aplicar cualquier producto químico disponible sin verificar su autorización para uso alimentario.

13. En relación con el control de temperatura en el almacén de frío, señale la combinación correcta:

a) Refrigeración ≤ 5 °C en el centro del producto; congelación ≤ −18 °C en el centro de cada pieza.

b) Refrigeración ≤ 8 °C en superficie; congelación ≤ −12 °C en superficie.

c) Refrigeración ≤ 10 °C en cámara; congelación ≤ −15 °C en el aire del equipo.

d) Refrigeración ≤ 4 °C en el aire; congelación ≤ −10 °C en superficie.

14. Un ayudante de cocina observa que un arcón congelador está cargado por encima de la línea roja de seguridad. ¿Qué riesgo principal implica esta situación?

a) Aumento del consumo eléctrico sin afectar al producto.

b) Mejora de la conservación por mayor compactación.

c) Fluctuaciones de temperatura que pueden provocar descongelaciones parciales.

d) Mayor circulación de aire frío en el interior del arcón.

15. ¿Sobre qué ámbitos se aplican las normas higiénico-sanitarias en un establecimiento alimentario?

a) Sobre instalaciones, equipos, utensilios y personal manipulador de alimentos.

b) Únicamente sobre los manipuladores de alimentos.

c) Solo sobre las instalaciones de cocina.

d) Exclusivamente sobre los utensilios de trabajo.

En MADTEST tienes **más preguntas de este tema**, y todos tus avances quedan registrados y se reflejan en el ranking.

¡Supera tus límites con MADTEST!

Solución al test n.º 16

1. a) Reducir el riesgo de contaminación cruzada durante la manipulación de alimentos.

2. d) Eviscerado y desescamado de pescados.

3. b) Verificar que todas las superficies, equipos y utensilios estén limpios, desinfectados y en condiciones operativas adecuadas.

4. c) Entre 0 °C y 4 °C.

5. b) Limpiar y desinfectar superficies y equipos tras cada cambio de materia prima.

6. c) Los productos no destinados a consumo inmediato deben almacenarse a temperaturas iguales o inferiores a −18 °C.

7. b) Disponer de un fregadero profundo con agua potable fría y caliente destinado al lavado de vegetales.

8. d) Los desperdicios deben eliminarse de forma continua para evitar acumulaciones.

9. c) Empleando en primer lugar los productos que ingresaron antes y rotulando los envases con la fecha de entrada.

10. c) Ubicarlos en espacios separados y seguros, alejados de los alimentos.

11. d) 0,50 m para evitar acumulación de humedad y facilitar la limpieza y ventilación.

12. b) Inspeccionar periódicamente la presencia de excrementos, envases dañados o restos de insectos.

13. a) Refrigeración ≤ 5 °C en el centro del producto; congelación ≤ −18 °C en el centro de cada pieza.

14. c) Fluctuaciones de temperatura que pueden provocar descongelaciones parciales.

15. a) Sobre instalaciones, equipos, utensilios y personal manipulador de alimentos.

TEST N.º 17

Conservación de géneros crudos, semielaborados y elaborados.
Métodos de envasado y conservación. Fases y puntos clave durante
el desarrollo de las técnicas de envasado y conservación.
Sistemas y métodos de conservación y regeneración de productos

1. ¿Qué alimentos son los que poseen más sensibilidad a la caducidad?

a) Alimentos perecederos.
b) Alimentos semiperecederos.
c) Alimentos no perecederos.
d) Alimentos imperecederos.

2. ¿Cómo se denomina la fase de los microorganismos en la que estos se están adaptando al medio, por lo que su número permanece más o menos constante?

a) Fase estacionaria.
b) Fase de crecimiento exponencial.
c) Fase lago o inicial.
d) Fase de muerte.

3. ¿Qué alimentos se engloban como aquellos productos conservados por frío, a temperaturas bajo 0 (al menos -18 ºC)?

a) Refrigerado.
b) Enfriados.
c) Congelados.
d) Todos son sinónimos.

4. ¿Qué tipo de congelación de alimentos produce cristales de hielo que dañan la estructura del producto?

a) Congelación artificial.
b) Congelación rápida.

c) Congelación lenta.
d) Congelación natural.

5. ¿Cuánto tiempo tarda la ultracongelación en congelar alimentos de forma eficaz desde un punto de vista de la conservación?

a) Pocos segundos.
b) De 10 a 15 minutos.
c) De 25 a 30 minutos.
d) De 45 a 60 minutos.

6. El proceso adecuado para la congelación de platos elaborados de forma inicial consiste en pasar el alimento inmediatamente después de la cocción a un abatidor de temperatura para que descienda desde esos 70 ºC que tiene en el centro, hasta la temperatura de:

a) 20 ºC.
b) 15 ºC.
c) 10 ºC.
d) 0 ºC.

7. Todo lo que se expone de la descongelación es cierto, excepto que:

a) Se evitarán en cualquier caso las temperaturas intermedias que son las de mayor riesgo en descongelación.
b) Una vez que un alimento se ha descongelado se debe consumir en el menor tiempo posible.
c) La descongelación nunca se debe realizar empleando el microondas, siempre se hará en refrigeración.
d) Nunca se volverá a recongelar, pero sí se puede congelar un producto que estuvo congelado, se descongeló y se ha sometido a cocción.

8. ¿Cuál es el sistema de conservación más frecuente en la actualidad de conservación de alimentos?

a) Congelación.
b) Refrigeración.
c) Desinfección.
d) Esterilización.

9. ¿Cuánto se perderá al descongelar un producto descongelado?

a) Pueden alterarse algo las propiedades organolépticas, y permanecer inalterables las nutritivas e higiénicas.
b) Pueden alterarse algo las propiedades nutritivas, y permanecer inalterables las organolépticas e higiénicas.

c) Pueden alterarse algo las propiedades higiénicas, y permanecer inalterables las organolépticas y las nutritivas.

d) Debe mantener las propiedades organolépticas, nutritivas e higiénicas inalteradas.

10. Las frutas se congelarán una vez:

a) Peladas.
b) Escaldadas.
c) Cocidas.
d) Sin preparación previa.

11. ¿Qué alimento es uno de los más idóneos para que se ultracongele fresco, ya que además de la ganancia nutricional se evita ciertas parasitosis, como la del anisakis?

a) Verdura.
b) Fruta.
c) Pescado.
d) Legumbres.

12. ¿Qué sistema de congelación mediante aire forzado es aquel donde el aire fluye perpendicular hacia la superficie del producto?

a) Congeladores de lecho fluido.
b) Congeladores de banda espiral.
c) Congeladores de circulación dividida de aire.
d) Congeladores de choque.

13. ¿Qué sistema de congelación reduce la oxidación que produciría el contacto con el aire?

a) Congeladores por contacto directo.
b) Congeladores de circulación dividida de aire.
c) Congeladores de choque.
d) Congeladores de lecho fluido.

14. ¿En qué consiste la deshidratación de un alimento?

a) En eliminar la mayor concentración posible de agua presente en un producto.
b) El deshidratado a baja temperatura conserva la gran mayoría de los alimentos con las mismas vitaminas y minerales, nutrientes y enzimas que su equivalente fresco, y con sabores más concentrados.
c) Proceso para hervir el alimento.
d) Las opciones a) y b) son correctas.

15. Las carnes se mantendrán refrigeradas entre:

a) 6 y 8 días.
b) 5 y 7 días.
c) 4 y 5 días.
d) 3 y 4 días.

En MADTEST tienes **más preguntas de este tema**, y todos tus avances quedan registrados y se reflejan en el ranking.

¡Supera tus límites con MADTEST!

Solución al test n.º 17

1. a) Perecederos.

2. c) Fase lago o inicial.

3. c) Congelados.

4. c) Congelación lenta.

5. a) Pocos segundos.

6. c) 10 ºC.

7. c) La descongelación nunca se debe realizar empleando el microondas, siempre se hará en refrigeración.

8. b) Refrigeración.

9. d) Debe mantener las propiedades organolépticas, nutritivas e higiénicas inalteradas.

10. c) Cocidas.

11. c) Pescado.

12. d) Congeladores de choque.

13. a) Congeladores por contacto directo.

14. d) Las opciones a) y b) son correctas.

15. d) 3 y 4 días.

TEST N.º 18

Rotación y caducidad de artículos. Plan de control de desperdicios

1. ¿Qué hay que tener en cuenta a la hora de almacenar alimentos?

a) Se deben colocar en pilas altas, aprovechando al máximo el espacio disponible.

b) Se rotarán periódicamente.

c) Las condiciones de temperatura y humedad serán siempre las mismas, independientemente del producto que se almacene.

d) No es necesario que los productos estén etiquetados para su almacenamiento, pero sí para su venta.

2. ¿En qué consiste la rotación de los productos almacenados?

a) Mover las cajas para que no se acumule polvo sobre ellos.

b) Colocar delante los productos que se van adquiriendo, para consumirlos antes.

c) Colocar en primer lugar los productos que ya estaban almacenados, y que tendrán fecha de caducidad más próxima, de manera que se consuman antes.

d) Cambiar de cámara los productos frescos, para que no generen olor.

3. ¿Qué criterio sigue el método FEFO en almacén?

a) Consumir primero lo que se adquirió en último lugar.

b) Consumir primero lo que se adquirió en primer lugar.

c) Consumir primero lo que está más próximo a caducar.

d) Este método no existe.

4. Señala la opción incorrecta:

a) La cocina de aprovechamiento es tecnológicamente posible y recomendable, ya que ayuda a rentabilizar el gasto económico.

b) Casi nunca, los restos sobrantes son aprovechables para otras elaboraciones.

c) Los restos de géneros cocinados son las porciones sobrantes tras el emplatado de todas las raciones en cocina.

d) Para su correcto aprovechamiento deben cumplirse varios requisitos, que exista una calidad higiénica, que las transformaciones/elaboraciones sean las apropiadas y que de buenos resultados.

5. ¿Dónde incluirías a los residuos generados por la actividad propia de los servicios de restauración y bares?

a) Residuos domésticos.
b) Residuos comerciales.
c) Residuos industriales.
d) Residuos peligrosos.

6. ¿Por qué los residuos orgánicos generados en cocina constituyen un riesgo higiénico-sanitario relevante?

a) Porque ocupan mayor volumen que los residuos inorgánicos.
b) Porque son difíciles de reciclar en comparación con el vidrio o el cartón.
c) Porque pueden reutilizarse como materia prima si se almacenan correctamente.
d) Porque favorecen la multiplicación de microorganismos y atraen insectos y roedores.

7. ¿Qué característica no posee la etiqueta ecológica europea (EEE)?

a) Es un sistema no discriminatorio.
b) Es un sistema obligatorio.
c) Es un sistema fiable y transparente.
d) Es un sistema válido en toda la UE y en los países de la AELC (Noruega, Islandia, Suiza y Liechtenstein).

8. ¿En qué tipo de contenedores se depositan los residuos de vidrio?

a) Contenedores de color verde.
b) Contenedores de color gris.
c) Contenedores de color amarillo.
d) Contenedores de color azul.

9. ¿En qué tipo de contenedores se depositan los residuos en forma de envases ligeros?

a) Contenedores de color verde.
b) Contenedores de color gris.
c) Contenedores de color amarillo.
d) Contenedores de color azul.

10. ¿Qué proceso sufren los envases ligeros tras ser depositados en su contenedor específico?

a) Trituración.
b) Reciclaje.
c) Separación en modalidades.
d) Reutilización.

11. Según el Reglamento (CE) 852/2004 y la Ley 7/2022, ¿cuál debe ser la prioridad en la gestión de alimentos no vendidos pero aptos para el consumo?

a) Su eliminación inmediata como residuo urbano.

b) Su depósito en contenedores cerrados hasta su destrucción.

c) Su uso exclusivo como subproducto industrial.

d) La donación para consumo humano o su redistribución, antes que otras opciones como alimentación animal.

12. ¿Qué simboliza esta imagen?

a) Símbolo de punto verde.

b) Símbolo de reciclado.

c) Símbolo de reciclaje de vidrio.

d) Símbolo de residuo de aparatos eléctricos y electrónicos.

13. ¿Qué simboliza esta imagen?

a) Poliestireno.

b) Polipropileno.

c) Polietileno de baja densidad.

d) Polietileno de alta densidad.

14. Si faltan alimentos concretos en el almacén se produce:

a) Falta de ese alimento.

b) Falta de suministro de ese alimento.

c) Rotura de stock de ese alimento.

d) LIFO de ese alimento.

15. ¿Qué método de valoración de existencias en almacenes, esencialmente alimentos perecederos (fecha de caducidad) es el más utilizado?

a) Método LIFO.

b) Método MPC.

c) Método FIFO.

d) Método RIFO.

En MADTEST tienes **más preguntas de este tema**, y todos tus avances quedan registrados y se reflejan en el ranking.

¡Supera tus límites con MADTEST!

Solución al test n.º 18

1. b) Se rotarán periódicamente.

2. c) Colocar en primer lugar los productos que ya estaban almacenados, y que tendrán fecha de caducidad más próxima, de manera que se consuman antes.

3. c) Consumir primero lo que está más próximo a caducar.

4. b) Casi nunca, los restos sobrantes son aprovechables para otras elaboraciones.

5. b) Residuos comerciales.

6. d) Porque favorecen la multiplicación de microorganismos y atraen insectos y roedores.

7. b) Es un sistema obligatorio.

8. a) Contenedores de color verde.

9. c) Contenedores de color amarillo.

10. c) Separación en modalidades.

11. d) La donación para consumo humano o su redistribución, antes que otras opciones como alimentación animal.

12. a) Símbolo de punto verde.

13. b) Polipropileno.

14. c) Rotura de stock de ese alimento.

15. c) Método FIFO.

TEST N.º 19

El local de cocina. Condiciones que debe reunir un local de cocina. Equipamiento

1. ¿De qué depende la gestión de una cocina de colectividades?

a) Depende del tipo de actividad que se desarrolle, y de las características y número de comensales.
b) Exclusivamente del número de comensales.
c) Del número de comensales y de la capacidad de las instalaciones.
d) De la capacidad de las instalaciones, del tipo de actividad que se desarrolle, y de las características y número de comensales.

2. Cuando la gestión del servicio de cocina de un centro la lleva a cabo una empresa pública o privada, contratada por el centro para tal fin, decimos que pertenece a la modalidad de explotación de:

a) Internalización.
b) Autogestión.
c) Externalización.
d) Centralización.

3. ¿Cómo se denomina al servicio de cocina cuando la comida se elabora en las instalaciones propias de una empresa privada, y es transportada y distribuida en el mismo por el personal de la institución sanitaria?

a) Servicio interno de cocina centralizado.
b) Servicio interno de cocina descentralizado.
c) Servicio de cocina autogestionado.
d) Servicio de catering.

4. ¿Qué zona de la estructura del área de cocina no se ubica propiamente en la cocina central?

a) Fuegos abiertos intercambiables.
b) Plonge.
c) Plancha caliente.
d) Parrilla.

5. ¿Cuántas partidas básicamente existen en la organización de la cocina para colectividades?

a) 2.
b) 3.
c) 4.
d) 5.

6. ¿Cómo se denomina también al grupo de la cocina catalogado de "cuarto frío"?

a) Salsero.
b) Despensero.
c) Entremetier o entremesero.
d) Pastelero.

7. ¿Qué partida poseerá cámaras frigoríficas, con departamentos separados para carnes, pescados y hortalizas?

a) Partida de salsero.
b) Partida de despensero.
c) Partida de entremetier o entremesero.
d) Partida de pastelero.

8. ¿En qué partida es frecuente que no se disponga de cocina para la elaboración de algunos platos, que posteriormente se sirvan fríos, aunque luego vuelvan a la misma después de pasar por otra?

a) Partida de salsero.
b) Partida de cuarto frío.
c) Partida de entremetier o entremesero.
d) Partida de pastelero.

9. ¿Dónde existirán rustideras como dotación de partida de unidad de cocina?

a) Partida de salsero.
b) Partida de cuarto frío.
c) Partida de entremetier o entremesero.
d) Son ciertas las respuestas a) y c).

10. ¿Cuál de estas consideras que es la última etapa que se lleva a cabo en la cocina centralizada?

a) Recepción de la materia prima.
b) Distribución de lo elaborado.
c) Emplatado de lo elaborado.
d) Preparación.

11. ¿Qué se logra con el uso de carros térmicos adecuados y vehículos de transportes acondicionados cuando haya que llevar la comida preparada en la cocina central a otras instituciones sanitarias más o menos cercanas que no dispone del servicio?

a) Que se mantengan apropiadamente las condiciones higiénicas.
b) Que se conserven adecuadamente las características organolépticas de los alimentos hasta destino.
c) Que se aseguren las condiciones de temperatura y presentación a la hora de su consumo, como si fuese en el centro de origen.
d) Todo lo anterior se consigue.

12. ¿Qué sistema de servicio de cocina dedicado a colectividades en general, es el más empleado en la actualidad al mejorar la calidad del producto?

a) Sistema de elaboración externa tipo catering.
b) Sistema de elaboración interna con unidad de producción externa.
c) Sistema de cocina centralizada.
d) Sistema de elaboración interna con unidad de producción externa y provisión externa.

13. ¿Qué dato no es una ventaja de la cocina centralizada?

a) Higiene máxima.
b) Mayor desperdicio de alimentos, aunque más económico, ya que no se ajustan bien las raciones necesarias.
c) Mejor presentación.
d) Idónea temperatura de las comidas.

14. ¿Dónde se manipula los alimentos en la cocina centralizada?

a) En la cocina.
b) En su transporte.
c) En su distribución por plantas.
d) En todos los lugares anteriores.

15. ¿Qué dato es falso respecto a la higiene y manipulación de alimentos en la cocina centralizada?

a) En la cocina centralizada se reduce al máximo las personas que manipulan los alimentos.

b) Los alimentos nunca salen de la cocina centralizada emplatados, esto es un proceder posterior.

c) No existe contacto entre materiales u objetos contaminados, y materiales u objetos limpios.

d) Las diferentes actividades a efectuar en la cocina están físicamente separadas.

En MADTEST tienes **más preguntas de este tema**, y todos tus avances quedan registrados y se reflejan en el ranking.

¡Supera tus límites con MADTEST!

Solución al test n.º 19

1. d) De la capacidad de las instalaciones, del tipo de actividad que se desarrolle, y de las características y número de comensales.

2. c) Externalización.

3. d) Servicio de Catering.

4. b) Plonge.

5. c) 4.

6. b) Despensero.

7. b) Partida de despensero.

8. b) Partida de cuarto frío.

9. d) Son ciertas las respuestas a) y c).

10. b) Distribución de lo elaborado.

11. d) Todo lo anterior se consigue.

12. c) Sistema de cocina centralizada.

13. b) Mayor desperdicio de alimentos, aunque más económico, ya que no se ajustan bien las raciones necesarias.

14. a) En la cocina.

15. b) Los alimentos nunca salen de la cocina centralizada emplatados, esto es un proceder posterior.

TEST N.º 20

Departamentos de cocina. Funciones y misiones de los mismos. Distribución del trabajo en cocina

1. ¿Qué zona de trabajo en la unidad de cocina central dispone de un muelle de carga y descarga con acceso para vehículo de transporte?

a) Sección de almacenamiento.
b) Sección de preparación.
c) Sección de recepción de materia prima.
d) Sección de elaboración.

2. Generalmente en la sección de recepción de materia prima, en la Unidad de Cocina Central, se efectúa un control de calidad de tipo físico, que es:

a) De humedad.
b) De pH.
c) De temperatura.
d) De composición.

3. ¿En qué recinto de la sección de almacenamiento, en la unidad de cocina central, se debe mantener los alimentos a una temperatura entre 0 y 4 ºC?

a) Cámara almacén de productos secos.
b) Cámara almacén de conservas.
c) Cámara de refrigeración.
d) Cámara de congelación.

4. ¿Qué alimentos estarán entre 15 y 18 ºC en la sección de almacenamiento, en la unidad de cocina central?

a) Verdura fresca.
b) Conservas.
c) Pescado fresco.
d) Pescado congelado.

5. ¿Qué actividad de estas no se realiza en la zona de preparación de carnes, en la unidad de cocina central?

a) Despiece.
b) Escurrido.
c) Fileteado.
d) Picado.

6. Las sierras cortadoras en la zona de preparación del pescado corrientemente se emplearán para:

a) Despiece de carne.
b) Cortar huesos de animales.
c) Trocear pescado congelado.
d) Se empleará para todo lo anterior.

7. ¿Cómo se denomina la zona de la unidad de cocina central donde se cuecen los alimentos, siguiendo distintos métodos y empleando equipamiento específico en función del servicio que prestan?

a) Sección de emplatado.
b) Sección de elaboración.
c) Sección de preparación.
d) Sección de distribución.

8. Los platos elaborados que se sirven fríos:

a) Se servirán a temperatura ambiente.
b) Se conservarán en cámaras de refrigeración hasta ser servidos.
c) Se conservarán en cámaras de congelación hasta ser servidos.
d) Es previa la ultra congelación rápida.

9. La sección de asados estará en la cocina en la zona de:

a) Producción y elaboración.
b) Recepción.
c) Preparación.
d) Almacenamiento.

10. Algunos platos, tras su elaboración, necesitan ser terminados de forma definitiva, esencialmente para su presentación, envasado, u otras operaciones finales antes de su consumo, y esto se realizará en la zona:

a) Final.
b) De emplatado.
c) De acabado.
d) De enlucido.

11. ¿Cómo se denomina el sistema móvil de emplatado que no se detiene y siempre se desplaza en el mismo sentido?

a) Emplatado de fijación.
b) Emplatado de movilidad.
c) Cinta de emplatado.
d) Cinta de empaquetado.

12. ¿Quién controlará en la zona de emplatado que las comidas marcadas para determinados pacientes son las que se ajustan a las dietas prescritas?

a) Piches.
b) Auxiliares de Enfermería.
c) Dietistas.
d) Maitres.

13. Los platos de la unidad de cocina central salen:

a) En bateas de raciones múltiples y semiabiertos.
b) En bandejas individuales, cerradas y sin diferenciar los diferentes platos del menú.
c) En bandejas individuales, abiertas y diferenciando primer plato y postre.
d) En bandejas individuales, cerradas y diferenciando primer plato, segundo, pan… sin riesgo a que estos se desplacen.

14. El proceso de distribución incluye:

a) Exclusivamente el transporte de la comida desde la cocina hasta las unidades de consumo.
b) Exclusivamente el transporte posterior con la vajilla sucia, de vuelta a la cocina desde las unidades de consumo.
c) El transporte de la comida desde la cocina hasta las unidades de consumo y el transporte posterior con la vajilla sucia, de vuelta a la cocina desde las unidades de consumo.
d) El transporte de la comida desde la cocina hasta las unidades de consumo y el transporte posterior con la vajilla sucia, de vuelta a la cocina desde las unidades de consumo. Así como el transporte del carro a las zonas de lavado.

15. La zona de lavado facilita el empleo de utensilios limpios a otras zonas de la cocina, por ello debe:

a) Estar anexa a la unidad de cocina.
b) Integrada en la unidad de cocina.
c) Alejada de la unidad de cocina.
d) Es indiferente donde se encuentre.

Solución al test n.º 20

1. c) Sección de recepción de materia prima.

2. c) De temperatura.

3. c) Cámara de refrigeración.

4. b) Conservas.

5. b) Escurrido.

6. c) Trocear pescado congelado.

7. b) Sección de elaboración.

8. b) Se conservarán en cámaras de refrigeración hasta ser servidos.

9. a) Producción y elaboración.

10. c) De acabado.

11. c) Cinta de emplatado.

12. c) Dietistas.

13. d) En bandejas individuales, cerradas y diferenciando primer plato, segundo, pan... sin riesgo a que estos se desplacen.

14. c) El transporte de la comida desde la cocina hasta las unidades de consumo y el transporte posterior con la vajilla sucia, de vuelta a la cocina desde las unidades de consumo.

15. b) Integrada en la unidad de cocina.

TEST N.º 21

Maquinaria de cocina. Generadores de calor y frío. Pequeña maquinaria. Batería se cocina, moldes y herramientas

1. ¿Qué útil de cocina entraña un cierto riesgo de quemaduras?

a) Utensilios con asas no metálicas.
b) Sistema de apagado ante la apertura de puertas, como en el horno, el microondas, etc.
c) Utensilios con mangos metálicos.
d) Placas de inducción que solo transmiten calor cuando entran en contacto con el recipiente.

2. "El recipiente concavo en forma de tazón", recibe el nombre de:

a) Fuente.
b) Bandeja.
c) Taza.
d) Bol.

3. ¿Qué es una mesa caliente?

a) Un mueble dónde se calientan comidas.
b) Una plancha de cocina que siempre está funcioanando.
c) Una mesa para preparar alimentos.
d) Ninguna de las respuestas anteriores es correcta.

4. ¿Qué maquinarias de esta no es un generador de calor?

a) Fogones.
b) Asadores y hornos.
c) Salamandras.
d) Son todas generadoras de calor.

5. ¿Qué contaminación produce la combustión del carbón mineral en fogones?

a) Contaminación atmosférica de tipo químico por emisiones de gases sulfurosos.
b) Contaminación telúrica de tipo químico por depósitos de sólidos de óxidos nitrosos.

c) Contaminación acuática de tipo químico por vertidos de mercuriales.

d) Contaminación atmosférica de tipo químico por emisiones de gases tipo monóxido de carbono.

6. ¿Qué tipo de fogones requieren de mayor limpieza una vez utilizados?

a) Fogones eléctricos.

b) Fogones de carbón mineral.

c) Fogones de gas ciudad.

d) Fogones de gas propano.

7. ¿Qué es un rondón?

a) Es un recipiente que se usa para mantener calientes elaboraciones como salsas o consomés.

b) Es un recipiente que se usa para hacer braseados o asados al horno.

c) Es un recipiente alto usado para salsas.

d) Es una cacerola redonda y ancha de poca altura adecuada para evitar amontonamiento de los alimentos.

8. ¿Qué función hacen generalmente en la cocina los fogones?

a) Cocción de alimentos.

b) Gratinado de alimentos.

c) Frito de alimentos.

d) Asar alimentos.

9. ¿De qué material suele fabricarse el mueble y la cuba de los actuales fogones?

a) De aluminio.

b) De acero inoxidable.

c) De acero negro.

d) Son ciertas las respuestas b) y c).

10. ¿Qué sustancia de esta es carbón vegetal?

a) Antracita.

b) Lignito.

c) Hulla.

d) Ninguna de las anteriores es correcta.

11. ¿Qué accesorio de los fogones está destinado a la evacuación de humos y gases producidos en la cocción?

a) Rejillas.

b) Mástiles.

c) Cortadores de patatas.
d) Extractores.

12. ¿Cada cuánto tiempo deben limpiarse los filtros de las campanas extractoras de humos si no elaboran las cocinas excesivas friturillas?

a) Cada día.
b) Cada tres días.
c) Cada semana.
d) Cada mes.

13. ¿Qué accesorio de fogón se ve en la siguiente imagen?

a) Mástil.
b) Extractor.
c) Marmita.
d) Campana extractora.

14. ¿Qué medidas de precaución deben tomarse antes de proceder a la limpieza de fogones de gas?

a) Comprobar que están cerradas las llaves de cada fuego.
b) Cortaremos el circuito general del módulo.
c) Cerrar la llave general del gas o desconectar los automáticos eléctricos.
d) Se efectuará todo lo anterior.

15. ¿Qué elemento de la cocina específica de gas se dejará para limpiar al final?

a) Rejilla-soporte de recipientes.
b) Placa recogedora de grasa.
c) Quemador.
d) Bandeja recoge grasa.

En MADTEST tienes **más preguntas de este tema**, y todos tus avances quedan registrados y se reflejan en el ranking.

¡Supera tus límites con MADTEST!

Solución al test n.º 21

1. c) Utensilios con mangos metálicos.

2. d) Bol.

3. a) Un mueble dónde se calientan comidas.

4. d) Son todas generadoras de calor.

5. a) Contaminación atmosférica de tipo químico por emisiones de gases sulfurosos.

6. b) Fogones de carbón mineral.

7. d) Es una cacerola redonda y ancha de poca altura adecuada para evitar amontonamiento de los alimento.

8. a) Cocción de alimentos.

9. b) De acero inoxidable.

10. d) Ninguna de las anteriores es correcta.

11. d) Extractores.

12. c) Cada semana.

13. d) Campana extractora.

14. d) Se efectuará todo lo anterior.

15. d) Bandeja recogegrasa.

TEST N.º 22

**Términos culinarios. Métodos de cocinado.
Definición, usos, aplicaciones y procesos**

1. ¿Qué pez marino es la serreta?

a) La merluza.
b) El salmón.
c) El abadejo.
d) El bacalao.

2. ¿Qué término italiano se emplea para designar la textura de la pasta cocida cuando presenta firmeza al ser mordida, no muy blanda por fuera y poco hecha en su interior?

a) Carpaccio.
b) Finisce.
c) Tarallucci.
d) Al dente.

3. ¿Con qué otro material al igual que la jalea se le puede dar brillo a un preparado (abrillantar)?

a) Con grasa y vino.
b) Con gelatina y grasa.
c) Con zumo de frutas con azúcar y harina con agua.
d) Con gelatina, zumo de frutas con azúcar y grasa.

4. ¿Qué posee la clara del huevo que une la yema a la cáscara?

a) La chalaza.
b) La ovoglobulina.
c) La peptona.
d) La ovocasquina.

5. ¿Cómo se denomina la maniobra de envolver trozos de carne magros con tiras de grasa, generalmente tocino, con el fin de hacer que la carne quede más jugosa?

a) Ánsar.
b) Arropar.
c) Sazonar.
d) Albardillar.

6. ¿Qué término es sinónimo de aliñar?

a) Aderezar.
b) Adobar.
c) Acidular.
d) Son correctos todos los anteriores.

7. Al becerro que ha cumplido un año se le llama:

a) Ternero.
b) Utrero.
c) Lechal.
d) Añojo.

8. ¿Qué se utiliza como base de platos moldeados o como glaseado de platos fríos?

a) Ballotine.
b) Arrope.
c) Áspic.
d) Nada de lo anterior es correcto.

9. ¿Qué significa el término arropar empleado en cocina?

a) Hacer arrope.
b) Cuando se pone a calentar platos delicados, como por ejemplo salsas, mediante baño maría.
c) Cuando se tapa con un paño un preparado de levadura para facilitar su estufado o fermentación.
d) La forma de tornear las patatas, antes de su elaboración, para darle una forma más vistosa o atractiva.

10. ¿Cuál es la salsa atomatada que se deriva de dos salsas básicas: bechamel atomatada o mahonesa atomatada, sirviéndose esta última fría?

a) Áspic.
b) Añal.
c) Aurora.
d) Ruibarbo.

11. El término basílico es sinónimo o equivalente a:

a) Manzanilla.
b) Yerbaluisa.
c) Albahaca.
d) Menta.

12. ¿Cómo se denomina a las 2 piernas traseras y la silla o riñonada del cordero o cabrito?

a) Civet.
b) Chifonada.
c) Tranco.
d) Barón.

13. La ciencia que estudia los alimentos es la:

a) Tecnología alimentaria.
b) Dietética.
c) Bromatología.
d) Nutriciología.

14. El corte fino y alargado que se aplica normalmente a la verdura es:

a) Brunoise.
b) Chifonada.
c) Chaveteo.
d) Challote.

15. ¿Qué pez de agua dulce, con carne blanca y rosada, es uno de los más solicitados dentro de estos pescados de río por su carne?

a) Barbo.
b) Tenca.
c) Carpa.
d) Boga.

En MADTEST tienes **más preguntas de este tema**, y todos tus avances quedan registrados y se reflejan en el ranking.

¡Supera tus límites con MADTEST!

131

Solución al test n.º 22

1. c) El abadejo.

2. d) Al dente.

3. d) Con gelatina, zumo de frutas con azúcar y grasa.

4. a) La chalaza.

5. d) Albardillar.

6. a) Aderezar.

7. d) Añojo.

8. c) Áspic.

9. c) Se tapa con un paño un preparado de levadura para facilitar su estofado o fermentación.

10. c) Aurora.

11. c) Albahaca.

12. d) Barón.

13. c) Bromatología.

14. b) Chifonada.

15. c) Carpa.

TEST N.º 23

Control y recepción de géneros. Operaciones de almacenamiento. Circuito documental. Confección de fichas de productos. El escandallo. Trazabilidad. Etiquetado

1. ¿Qué es el aprovisionamiento de mercancía?

a) Abastecimiento de lo necesario.
b) Acumulación de existencias.
c) Provisión de materiales sin criterio de necesidad.
d) Previsión de necesidades.

2. ¿Cómo se denominan los materiales de consumo habitual, sujetos a todas las operaciones de gestión de almacén?

a) Inventariables.
b) No inventariables.
c) Almacenables.
d) No almacenables.

3. ¿Cuáles son los materiales inventariables?

a) Fungibles.
b) No fungibles.
c) Los que se agotan o consumen con el uso.
d) No almacenables.

4. ¿Dentro de qué grupo de suministros entran los víveres?

a) Fungibles.
b) No inventariables.
c) Inventariables.
d) Son válidas las respuestas a) y b).

5. ¿En qué consiste la gestión de aprovisionamiento?

a) En abastecer al centro de los productos o materiales necesarios para su actividad normal, y realizar las acciones adecuadas para que no falten, ni se acumulen en exceso.

b) En abastecer al centro de los productos o materiales necesarios para su actividad normal, acumulando en almacén para que no falten.

c) En realizar la compra de los que se va a necesitar diariamente.

d) Es el control económico del gasto en cocina.

6. ¿Cuáles son las fases de la gestión de aprovisionamiento, por orden de realización?

a) Planificación de necesidades, almacenamiento, control de inventario y compra.

b) Planificación de necesidades, control de inventario, compra y almacenamiento.

c) Planificación de necesidades, compra, almacenamiento y control de inventarios.

d) Control de inventario, compra, almacenamiento y planificación de necesidades.

7. ¿Cómo influye el número de menús a la hora de planificar las necesidades de compra?

a) Se ajustará en lo posible las cantidades, pero se calculará siempre por encima evitando así la rotura de stock, o la falta de productos.

b) Se ajustará en lo posible las cantidades, calculando de manera ajustada para que no se acumule en almacén.

c) Se ajustará en lo posible las cantidades, pero calculando un poco por debajo para evitar la rotura de stock.

d) Se calcula la necesidad para el número de menús previstos, y se pide exactamente lo calculado.

8. ¿Cuál de estos factores influye en la previsión de necesidades?

a) Sistema de producción utilizado en cocina.

b) Stock en almacén.

c) Duración de los productos.

d) Todas las respuestas son ciertas.

9. ¿Qué características se valorará a la hora de seleccionar un proveedor?

a) Tipo de producto y precio.

b) Garantía y calidad.

c) Condiciones de suministro.

d) Todas las respuestas son correctas.

10. ¿Cómo se establece la frecuencia de compra?

a) Por revisión continua.
b) Por revisión periódica.
c) Por revisión perfecta.
d) Por cualquiera de los sistemas anteriores.

11. ¿En qué consiste el sistema de revisión periódica?

a) Se revisa el nivel de stock tras cada salida o entrada, y cuando se llega al punto de pedido, se cursa un pedido al proveedor.
b) Los pedidos se hacen con periodicidad fija, y se solicita la cantidad necesaria para cubrir el stock necesario.
c) Los pedidos se hacen con una periodicidad que varía en función del ritmo de consumo de cada artículo.
d) Sólo se realiza un pedido inicial.

12. ¿En qué consiste el sistema de revisión continua?

a) Se revisa el nivel de stock tras cada salida o entrada, y cuando se llega al punto de pedido, se cursa un pedido al proveedor.
b) Los pedidos se hacen con periodicidad fija, y se solicita la cantidad necesaria para cubrir el stock necesario.
c) Los pedidos se hacen con una periodicidad que varía en función del ritmo de consumo de cada artículo.
d) Solo se realiza un pedido inicial.

13. Cuando los pedidos se hacen con una periodicidad que varía en función del ritmo de consumo de cada artículo, ¿qué sistema se está utilizando?

a) Sistema de revisión continua.
b) Sistema de revisión periódica.
c) Sistema de revisión perfecto.
d) Sistema de periodicidad continua.

14. ¿Cuál de estas cualidades no se comprobará al recepcionar alimentos?

a) Los embalajes.
b) Los envases y las etiquetas.
c) El sabor de los alimentos recibidos.
d) La calidad de la materia prima.

15. ¿Qué comprobación se hará respecto a los envases?

a) Que estén intactos.
b) Que no presenten deterioros.
c) Que no estén alterados.
d) Todas las respuestas son correctas.

En MADTEST tienes **más preguntas de este tema**, y todos tus avances quedan registrados y se reflejan en el ranking.

¡Supera tus límites con MADTEST!

Solución al test n.º 23

1. a) Abastecimiento de lo necesario.

2. c) Almacenables.

3. b) No fungibles.

4. d) Son válidas las respuestas a) y b).

5. a) En abastecer al centro de los productos o materiales necesarios para su actividad normal, y realizar las acciones adecuadas para que no falten, ni se acumulen en exceso.

6. c) Planificación de necesidades, compra, almacenamiento y control de inventarios.

7. a) Se ajustará en lo posible las cantidades, pero se calculará siempre por encima evitando así la rotura de stock, o la falta de productos.

8. d) Todas las respuestas son ciertas.

9. d) Todas las respuestas son correctas.

10. d) Por cualquiera de los sistemas anteriores.

11. b) Los pedidos se hacen con periodicidad fija, y se solicita la cantidad necesaria para cubrir el stock necesario.

12. a) Se revisa el nivel de stock tras cada salida o entrada, y cuando se llega al punto de pedido, se cursa un pedido al proveedor.

13. c) Sistema de revisión perfecto.

14. c) El sabor de los alimentos recibidos.

15. d) Todas las respuestas son correctas.

TEST N.º 24

Introducción a la higiene sanitaria: los peligros físicos, químicos y biológicos en relación con los alimentos. Riesgos asociados y medidas preventivas

1. ¿Qué es un factor de peligro físico de un alimento?

a) Un agente extraño que se encuentran de manera accidental en un alimento.
b) Se trata de objetos, que no deberían formar parte del producto alimenticio.
c) Es cualquier material, que no debe estar presente en el alimento.
d) Todas son correctas.

2. ¿Cuál de los siguientes no es un factor de peligro en un alimento?

a) Insectos.
b) Pelo.
c) Huesos.
d) Azúcar.

3. ¿Cuál puede ser una consecuencia de encontrar un objeto en la comida?

a) Rotura de piezas dentales.
b) Cortes o pinchazos en la boca.
c) Problemas digestivos.
d) Todas son correctas.

4. Los contaminantes químicos más habituales en los alimentos son:

a) Micotoxinas.
b) Azucares elevados.
c) Grasas de mala calidad.
d) Objetos extraños.

5. Las aflatoxinas (*Aspergillus flavus y Aspergillus parasiticus*):

a) Son micotoxinas producidas por hongos del género *Aspergillus*.
b) Son un grupo de toxinas producidas por hongos del género *Fusarium*.
c) Se encuentra con frecuencia en derivados de la manzana, como los zumos y la sidra.
d) Es una micotoxina producida por varias especies de hongos en el arroz, y que tiene efectos nefrotóxicos.

6. Las micotoxinas presentes en los alimentos pueden afectar la salud de las personas produciendo:

a) Cáncer y mutaciones.
b) Problemas gastrointestinales.
c) Problemas renales.
d) Todas son correctas.

7. ¿Cuáles son las principales toxinas de origen natural?

a) Los alcaloides.
b) Metales pesados.
c) Nitratos.
d) Acrilamidas.

8. El etilcarbamato:

a) Es un compuesto que se forma en los alimentos al ser tratados con calor.
b) Llega a los alimentos desde los materiales que entran en contacto con el mismo, o como resultado del uso de productos químicos fitosanitarios o veterinarios.
c) Se produce de manera natural en alimentos y bebidas fermentadas, especialmente las alcohólicas.
d) Es una sustancia química que se aplica en los cultivos para protegerlos de las plagas.

9. ¿Con qué finalidad se añaden materiales activos e inteligentes a los alimentos?

a) Aromatizar y mejorar el aspecto del alimento.
b) Prolongar su vida útil, mantenerlo o mejorar el estado de los alimentos envasados.
c) Para garantizar la protección de la salud del consumidor.
d) Todas son correctas.

10. Los aromas alimentarios:

a) Se utilizan para modificar el aroma y textura del alimento.
b) Se utilizan para modificar el olor y el sabor del alimento.

c) Se utilizan para modificar el olor y el color del alimento.

d) Se utilizan para modificar el olor y la textura del alimento.

11. Las enzimas alimentarias:

a) Son proteínas con función catalizadora.

b) Son proteínas con función anabólica.

c) Son hidratos de carbono de cadena larga.

d) Son lípidos con función regeneradora.

12. Los disolventes de extracción:

a) Son sustancias capaces de disolver un producto alimenticio o alguno de sus componentes, y después ser eliminado.

b) Son sustancias que se utilizan en procesos como la eliminación de sustancias aromáticas de las plantas.

c) Para que su uso sea autorizado estos disolventes han de ser evaluados por la Autoridad Alimentaria.

d) Todas son correctas.

13. Según el Reglamento (UE) 2117/2158 de la Comisión, de 20 de noviembre de 2017 por el que se establecen medidas de mitigación y niveles de referencia para reducir la presencia de acrilamida en los alimentos; de las siguientes, indique la medida que considere adecuada para la mitigación de acrilamida al freír las patatas:

a) Controlar la temperatura de congelación de la patata.

b) Controlar el color en el producto final cocinado.

c) Emplear utensilios de madera.

d) Controlar el adecuado almacenaje de estas.

14. Según el Reglamento (UE) 2117/2158, ¿cuál de los siguientes alimentos están afectados por las medidas de mitigación en restauración para reducir la presencia de acrilamida?

a) Café tostado.

b) Pescado ahumado.

c) Aceitunas.

d) Beicon.

15. Continuando con el Reglamento (UE) 2117/2158, de los siguientes alimentos, ¿cuál está afectado por las medidas de mitigación en restauración para reducir la presencia de acrilamida?

a) El pan.

b) Las carnes a la brasa.

c) Los pescados al horno.

d) El pescado ahumado.

En MADTEST tienes **más preguntas de este tema**, y todos tus avances quedan registrados y se reflejan en el ranking.

¡Supera tus límites con MADTEST!

Solución al test n.º 24

1. d) Todas son correctas.

2. d) Azúcar.

3. d) Todas son correctas.

4. a) Micotoxinas.

5. a) Son micotoxinas producidas por hongos del género Aspergillus.

6. d) Todas son correctas.

7. a) Los alcaloides.

8. c) Se produce de manera natural en alimentos y bebidas fermentadas, especialmente las alcohólicas.

9. b) Prolongar su vida útil, mantenerlo o mejorar el estado de los alimentos envasados.

10. b) Se utilizan para modificar el olor y el sabor del alimento.

11. a) Son proteínas con función catalizadora.

12. d) Todas son correctas.

13. b) Controlar el color en el producto final cocinado.

14. a) Café tostado.

15. a) El pan.

TEST N.º 25

Nociones básicas de microbiología alimentaria. Enfermedades de transmisión alimentaria

1. El botulismo se desarrolla principalmente en:

a) Leche condensada.
b) Hortalizas.
c) Huevos.
d) Conservas.

2. ¿Qué es el Anisakis?

a) Un virus.
b) Un parásito.
c) Una bacteria.
d) Un hongo.

3. ¿Cómo se denominan las enfermedades alimentarias debidas a la toxina de un microorganismo?

a) Infecciones alimentarias.
b) Intoxicaciones alimentarias.
c) Toxiinfecciones alimentarias.
d) Enfermedades metabólicas.

4. ¿En qué caso es más elevada la aparición de toxiinfecciones alimentarias?

a) Paisas desarrollados.
b) Invierno.
c) Verano.
d) No hay variaciones.

5. De acuerdo con el Real Decreto 1086/2020, de 9 de diciembre las comidas testigo se recogerán tras la elaboración y estarán claramente identificadas y fechadas, y conservadas en refrigeración:

a) Durante un mínimo de 2 días a una temperatura igual o inferior a 2 ºC.
b) Durante un mínimo de 7 días a una temperatura igual o inferior a 4 ºC.
c) Durante un mínimo de 3 días a una temperatura igual o inferior a 3 ºC.
d) Durante un mínimo de 4 días a una temperatura igual o inferior a 5 ºC.

6. ¿Qué modificaciones físicas pueden sufrir los alimentos como consecuencia de alteraciones provocadas por microorganismos?

a) En la consistencia.
b) En la composición.
c) En la acidez.
d) En la formación de gases.

7. ¿Qué tipo de alimento es el arroz?

a) Perecedero.
b) Semiperecedero.
c) No perecedero.
d) Inestable.

8. Cuando se consume carne de ave que está infectada por campilobacter, ¿qué tipo de transmisión se ha dado?

a) Directa.
b) Indirecta.
c) Cruzada.
d) Horizontal.

9. Cuando un alimento se contamina durante el almacenamiento por la presencia de ratas, ¿qué tipo de transmisión ha habido?

a) Directa.
b) Indirecta.
c) Cruzada.
d) Horizontal.

10. Cuando un manipulador transmite los microorganismos de los que es portador, ¿qué tipo de transmisión se produce?

a) Directa.
b) Indirecta.
c) Cruzada.
d) Son correctas las respuestas b) y c).

11. ¿Qué condiciones favorecen el desarrollo de microorganismos en el alimento?

a) Composición del alimento.
b) Contenido en agua.
c) Temperatura.
d) Todas estas condiciones influyen.

12. ¿A qué temperatura mueren la mayoría de los microorganismos?

a) A -18 ºC.
b) A 50 ºC.
c) A 65 ºC.
d) A 100 ºC.

13. ¿Por qué sobre el limón no crecen muchos microorganismos?

a) Por su acidez.
b) Por su escaso contenido en agua.
c) Por la falta de nutrientes.
d) Por la temperatura de conservación.

14. ¿En qué alimentos es más fácil la contaminación bacteriana?

a) Aceite.
b) Azúcar.
c) Leche.
d) Harina.

15. ¿Qué son las bacterias anaerobias?

a) Las que necesitan oxígeno para vivir.
b) Las que viven en ausencia de oxígeno.
c) Las que permanecen latentes en condiciones adversas.
d) Ninguna respuesta es correcta.

En MADTEST tienes **más preguntas de este tema**, y todos tus avances quedan registrados y se reflejan en el ranking.

¡Supera tus límites con MADTEST!

Solución al test n.º 25

1. d) Conservas.

2. b) Un parásito.

3. b) Intoxicaciones alimentarias.

4. c) Verano.

5. b) Durante un mínimo de 7 días a una temperatura igual o inferior a 4 ºC.

6. a) En la consistencia.

7. c) No perecedero.

8. a) Directa.

9. a) Directa.

10. d) Son correctas las respuestas b) y c).

11. d) Todas estas condiciones influyen.

12. d) A 100 ºC.

13. a) Por su acidez.

14. c) Leche.

15. b) Las que viven en ausencia de oxígeno.

TEST N.º 26

Prácticas correctas higiénicas y de manipulación en restauración colectiva. Legislación: Obligaciones y prohibiciones. Almacenamiento de alimentos y su adecuada conservación

1. Según el Real Decreto 1021/2022, ¿qué requisito debe cumplir la zona destinada al envasado en los establecimientos de comidas?

a) Disponer de una superficie de trabajo exclusiva, de material de fácil limpieza y desinfección, y almacenar los envases protegidos de contaminación.
b) Compartirse con la zona de manipulación si se limpia al finalizar la jornada.
c) Ubicarse junto a la zona de residuos para facilitar la retirada de embalajes.
d) Utilizar cualquier superficie siempre que esté seca.

2. ¿Qué requisito específico deben cumplir los establecimientos destinados a colectivos de riesgo?

a) Compartir la zona de limpieza de vajilla con la zona de manipulación.
b) Disponer necesariamente de locales para vestuarios y lavamanos exclusivos para manipuladores.
c) Utilizar vajilla reutilizable sin zona diferenciada de lavado.
d) Sustituir los servicios higiénicos por lavamanos en cocina.

3. En las cocinas centrales, ¿qué característica deben tener las cámaras de congelación?

a) Garantizar temperaturas entre 0 ºC y -10 ºC.
b) Mantener temperatura ambiente controlada inferior a 25 ºC.
c) Garantizar funcionamiento entre 0 ºC y -25 ºC y disponer de termómetros de lectura exterior.
d) Carecer de control de temperatura si existe registro manual diario.

4. ¿Cuál es el objeto principal del Real Decreto 1021/2022, de 13 de diciembre?

a) Sustituir completamente a los Reglamentos (CE) n.º 852/2004 y 853/2004 en materia de higiene alimentaria.
b) Establecer la normativa básica sobre higiene en la producción y comercialización de alimentos al por menor y adaptar determinados requisitos de los reglamentos europeos para su aplicación en España.

c) Regular exclusivamente la sanidad animal en establecimientos mayoristas.

d) Aplicar únicamente medidas relacionadas con la Agenda 2030 sin referencia a la normativa europea.

5. ¿Cuál de los siguientes establecimientos se considera establecimiento de comercio al por menor según el Real Decreto 1021/2022?

a) Una explotación agrícola que realiza exclusivamente venta directa de productos primarios.

b) Un particular que prepara alimentos ocasionalmente para una celebración escolar.

c) Un establecimiento de restauración que manipula y elabora alimentos para su venta al consumidor final, incluyendo venta a distancia.

d) Una industria alimentaria dedicada únicamente a la exportación mayorista.

6. ¿Qué diferencia a una carnicería-charcutería de una carnicería-salchichería?

a) La carnicería-charcutería solo puede vender carne fresca sin elaborar.

b) La carnicería-salchichería no puede elaborar preparados de carne.

c) La carnicería-charcutería elabora productos cárnicos y platos cocinados cárnicos además de las actividades propias de carnicería-salchichería.

d) La carnicería-salchichería puede vender pescado y marisco.

7. ¿Cuál es la temperatura interna máxima permitida para la carne picada según el Real Decreto 1021/2022?

a) ≤ 2 °C.

b) ≤ 7 °C.

c) ≤ 4 °C.

d) ≤ 0 °C.

8. Según el Real Decreto 1021/2022 ¿qué temperatura deben mantener los productos de la pesca frescos y los crustáceos cocidos y refrigerados?

a) Entre 5 y 8 °C.

b) Próxima a la temperatura de fusión del hielo (0–4 °C).

c) Igual o inferior a 7 °C.

d) A temperatura ambiente controlada (20–25 °C).

9. Según el Real Decreto 1021/2022 ¿en qué condición pueden mantenerse a temperatura ambiente melones, sandías, piñas y papayas cortadas?

a) De forma indefinida si se encuentran protegidas.

b) Durante un máximo de tres horas tras el corte, a 20–25 °C, debiendo refrigerarse posteriormente.

c) Hasta el final de la jornada laboral.

d) Siempre que no estén peladas completamente.

10. Cuando un establecimiento de comercio al por menor congela un producto recibido envasado, ¿qué requisito debe cumplirse en relación con el etiquetado?

a) Sustituir la etiqueta original por una nueva con la fecha de congelación.
b) Mantener el envase original con su fecha de caducidad o consumo preferente y añadir una nueva etiqueta con la fecha de congelación, siendo visibles ambas.
c) Eliminar la fecha de caducidad y dejar únicamente la fecha de congelación.
d) No es necesario añadir ninguna información adicional si el producto ya estaba etiquetado.

11. ¿Qué condición debe cumplir el equipo de congelación utilizado en un establecimiento de comercio al por menor?

a) Alcanzar una temperatura de −10 °C en cualquier punto del alimento.
b) Permitir la congelación intermitente siempre que el producto esté envasado.
c) Garantizar que el alimento alcance una temperatura central no superior a −18 °C mediante un descenso ininterrumpido de la temperatura.
d) Mantener los alimentos a 0 °C durante 24 horas antes de congelarlos.

12. ¿Cuál es el procedimiento correcto para la descongelación de alimentos en un establecimiento de comercio al por menor?

a) Realizarla siempre a temperatura ambiente para acelerar el proceso.
b) Descongelar en refrigeración evitando la contaminación cruzada y el contacto con los líquidos de descongelación, salvo excepciones tecnológicamente justificadas.
c) Descongelar a temperatura ambiente si el alimento está envasado.
d) Descongelar y volver a congelar si no se vende el mismo día.

13. En relación con la recongelación en establecimientos de comercio al por menor, señale la opción correcta:

a) Está permitida siempre que el alimento no haya superado la fecha de caducidad.
b) Puede realizarse si el alimento se ha mantenido en refrigeración menos de 24 horas.
c) No está permitida, salvo que el alimento haya sido transformado después de la primera congelación.
d) Está autorizada en todos los casos si se informa al consumidor.

14. ¿A qué temperatura deben mantenerse las comidas preparadas refrigeradas cuya vida útil sea superior a 24 horas?

a) ≤ 4 °C.
b) ≤ 8 °C.
c) ≤ 6 °C.
d) ≤ 10 °C.

15. ¿Qué requisito debe cumplirse en el enfriamiento de comidas preparadas en caliente destinadas a refrigeración o congelación?

a) Reducir la temperatura de 70 °C a 20 °C en cuatro horas.

b) Disminuir la temperatura en superficie sin control del centro del producto.

c) Reducir la temperatura en el centro del producto de 60 °C a 10 °C en menos de dos horas.

d) Mantener el alimento a temperatura ambiente hasta su almacenamiento.

En MADTEST tienes **más preguntas de este tema**, y todos tus avances quedan registrados y se reflejan en el ranking.

¡Supera tus límites con MADTEST!

Solución al test n.º 26

1. a) Disponer de una superficie de trabajo exclusiva, de material de fácil limpieza y desinfección, y almacenar los envases protegidos de contaminación.

2. b) Disponer necesariamente de locales para vestuarios y lavamanos exclusivos para manipuladores.

3. c) Garantizar funcionamiento entre 0 ºC y -25 ºC y disponer de termómetros de lectura exterior.

4. b) Establecer la normativa básica sobre higiene en la producción y comercialización de alimentos al por menor y adaptar determinados requisitos de los reglamentos europeos para su aplicación en España.

5. c) Un establecimiento de restauración que manipula y elabora alimentos para su venta al consumidor final, incluyendo venta a distancia.

6. c) La carnicería-charcutería elabora productos cárnicos y platos cocinados cárnicos además de las actividades propias de carnicería-salchichería.

7. a) ≤ 2 °C.

8. b) Próxima a la temperatura de fusión del hielo (0–4 °C).

9. b) Durante un máximo de tres horas tras el corte, a 20–25 °C, debiendo refrigerarse posteriormente.

10. b) Mantener el envase original con su fecha de caducidad o consumo preferente y añadir una nueva etiqueta con la fecha de congelación, siendo visibles ambas.

11. c) Garantizar que el alimento alcance una temperatura central no superior a –18 °C mediante un descenso ininterrumpido de la temperatura.

12. b) Descongelar en refrigeración evitando la contaminación cruzada y el contacto con los líquidos de descongelación, salvo excepciones tecnológicamente justificadas.

13. c) No está permitida, salvo que el alimento haya sido transformado después de la primera congelación.

14. a) ≤ 4 °C.

15. c) Reducir la temperatura en el centro del producto de 60 °C a 10 °C en menos de dos horas.

TEST N.º 27

**Limpieza y desinfección de las áreas de manipulación:
Diseño de los locales de Manipulación. Limpieza y desinfección.
Conservación y Limpieza de instrumentos y elementos de trabajo**

1. ¿Qué elemento esencial constituirá la limpieza en los procedimientos de limpieza y desinfección independientes?

a) Agua caliente.
b) Solución detergente.
c) Ordenamiento de utensilios.
d) Barrer en húmedo.

2. En la limpieza y desinfección combinada se empleará:

a) Solo la acción detergente.
b) Solo la acción desinfectante.
c) Primero la acción detergente y posteriormente y aparte la acción desinfectante.
d) Se emplearán a la vez la acción detergente y la acción desinfectante.

3. Los lavavajillas automáticos utilizarán agua caliente generalmente a temperaturas de:

a) 60 ºC.
b) 70 ºC.
c) 80 ºC.
d) 100 ºC.

4. ¿Qué mobiliario es no lavable?

a) Cristales.
b) Formica.
c) Maderas nobles (roble, pino, cerezo…).
d) Mármoles.

5. Para la limpieza del mobiliario no lavable no se utilizará:

a) Solución limpiadora.
b) Producto captapolvo.
c) Guantes.
d) Aplicación de bayeta con producto captapolvo.

6. ¿Qué materiales se evitarán emplear en los equipos y los utensilios empleados en la manipulación de alimentos?

a) Materiales inalterables.
b) De acero inoxidable.
c) De madera.
d) Resistentes a la corrosión y no tóxicos.

7. ¿Qué práctica de higiene es incorrecta respecto a las frutas?

a) Las que se compran a granel, como naranjas y manzanas, hay que revisarlas antes de almacenarlas.
b) Deben ser almacenadas en cámaras o refrigeradores.
c) Las frutas pueden ser almacenadas junto con otras mercancías.
d) Hay que lavarlas con bastante agua y tratar con cuidado las frutas más blandas.

8. ¿Qué pH tendrá un detergente ácido?

a) 10.
b) 8.
c) 7.
d) 4.

9. ¿Cómo se denomina la capacidad de emulsionar la suciedad de un detergente?

a) Poder humectante.
b) Dispersión.
c) Suspensión.
d) Brillo.

10. ¿Qué detergentes eliminan la suciedad mineral, es decir, sarro, cemento, óxido, etc.?

a) Detergentes alcalinos.
b) Detergentes ácidos.
c) Detergentes neutros.
d) Detergentes básicos.

11. ¿Cuál es el principal componente de los detergentes?

a) Coadyuvantes.
b) Reforzantes.
c) Tensioactivos.
d) Aditivos.

12. ¿Qué tipo de coadyuvante de los detergentes ablanda el agua al secuestrar los iones cálcicos y magnésicos?

a) Silicatos.
b) Fosfatos.
c) Carbonatos.
d) Citratos.

13. ¿Qué propiedad del detergente se da cuando se rompe la suciedad, dispersando las partículas finas que componían esa mancha?

a) Poder humectante.
b) Dispersión.
c) Emulsión.
d) Brillo.

14. ¿Qué abrillantadores se emplean en la limpieza de mobiliario no lavable?

a) Detergente ácido diluido.
b) Detergente neutro diluido.
c) Productos captapolvo.
d) Detergente natural a base de limón.

15. En el mobiliario de maderas nobles se emplearán como abrillantadores:

a) Ceras en base disolvente.
b) Detergente neutro diluido.
c) Productos captapolvo.
d) Detergente natural a base de limón.

Solución al test n.º 27

1. b) Solución detergente.

2. d) Se emplearán a la vez la acción detergente y la acción desinfectante.

3. c) 80 ºC.

4. c) Maderas nobles (roble, pino, cerezo…).

5. a) Solución limpiadora.

6. c) De madera.

7. c) Las frutas pueden ser almacenadas junto con otras mercancías.

8. d) 4.

9. c) Suspensión.

10. b) Detergentes ácidos.

11. c) Tensioactivos.

12. b) Fosfatos.

13. b) Dispersión.

14. c) Productos captapolvo.

15. a) Ceras en base disolvente.

Disposición y almacenamiento de residuos. El control de las plagas

1. ¿Con qué siglas se nombran a los residuos que, generalmente liberando oxígeno, pueden provocar o facilitar la combustión de otras sustancias?

a) HP 2.
b) HP 7.
c) HP 8.
d) HP 9.

2. ¿Qué ley deroga la Ley 7/2022, de 8 de abril, de residuos y suelos contaminados para una economía circular?

a) La Ley 37/2009, de 17 de enero, de residuos y suelos contaminados.
b) La Ley 33/2010, de 9 de abril, de residuos y suelos contaminados.
c) La Ley 5/2011, de 30 de septiembre, de residuos y suelos contaminados.
d) La Ley 22/2011, de 28 de julio, de residuos y suelos contaminados.

3. La Ley 7/2022, de 8 de abril, de residuos y suelos contaminados para una economía circular, no es aplicable a:

a) Los explosivos desclasificados.
b) Los suelos contaminados.
c) Los productos fabricados con plástico oxodegradable.
d) Los artes de pesca que contienen plásticos.

4. ¿Qué consideración otorga la Ley 7/2022, de 8 de abril, a los animales domésticos muertos y los vehículos abandonados?

a) Residuos industriales.
b) Residuos domésticos.
c) Residuos comerciales.
d) Residuos municipales.

5. ¿Cómo define la Ley 7/2022, de 8 de abril, a cualquier sustancia u objeto que su poseedor deseche o tenga la intención o la obligación de desechar?

a) Resto.
b) Sobrante.
c) Despojo.
d) Residuo.

6. ¿Qué consideración otorga la Ley 7/2022, de 8 de abril, a los subproductos?

a) Que la sustancia u objeto se pueda utilizar directamente sin tener que someterse a una transformación ulterior distinta de la práctica industrial habitual.
b) Aquel cuyas características han sido alteradas negativamente por la presencia de componentes químicos de carácter peligroso.
c) Residuos resultantes de los procesos de producción, fabricación, transformación, utilización, consumo, limpieza o mantenimiento generados por la actividad industrial como consecuencia de su actividad principal.
d) Cualquier operación cuyo resultado principal sea que el residuo sirva a una finalidad útil al sustituir a otros materiales.

7. ¿Cómo define la Ley 7/2022, de 8 de abril, de residuos y suelos contaminados para una economía circular, a toda persona física o jurídica que organice la valorización o la eliminación de residuos por encargo de terceros?

a) Gestor de residuos.
b) Agente.
c) Negociante.
d) Autoridad competente.

8. En el contenedor azul se deben introducir, entre otros:

a) Servilletas de papel usadas.
b) Pañales.
c) Cajas de zapatos.
d) Briks.

9. A los efectos de la Ley 7/2022, de 8 de abril, de residuos y suelos contaminados para una economía circular, los residuos alimentarios y de cocina procedentes de hogares, restaurantes, servicios de restauración colectiva y establecimientos de venta al por menor, son:

a) Residuos comerciales.
b) Residuos domésticos.
c) Biorresiduos.
d) Compost.

10. Según la Ley 7/2022, de 8 de abril, ¿qué objetivo de reducción de residuos alimentarios debe alcanzarse para el año 2030 respecto a 2020?

a) Reducir un 30 % los residuos alimentarios en todos los ámbitos.
b) Reducir un 50 % los residuos alimentarios per cápita en la venta minorista y consumidores, y un 20 % las pérdidas de alimentos en la cadena de producción y suministro.*
c) Reducir un 10 % las pérdidas únicamente en la producción primaria.
d) Eliminar totalmente los residuos alimentarios en restauración y hogares.

11. ¿Cuál es la finalidad principal del Real Decreto 1055/2022, de 27 de diciembre, en materia de envases?

a) Regular exclusivamente la eliminación final de residuos en vertederos.
b) Establecer el régimen jurídico de los envases y residuos de envases para prevenir y reducir su impacto ambiental a lo largo de todo su ciclo de vida.*
c) Sustituir la Ley de residuos y suelos contaminados para una economía circular.
d) Limitar la fabricación de envases únicamente al sector alimentario.

12. Según el artículo 2 del Real Decreto 1055/2022, ¿qué se entiende por "comercialización"?

a) La fabricación de envases dentro del territorio nacional exclusivamente.
b) La venta minorista de productos envasados al consumidor final.
c) Todo suministro, remunerado o gratuito, de un producto para su distribución, consumo o utilización en el mercado español en el transcurso de una actividad comercial.*
d) La exportación de productos envasados a otros Estados miembros.

13. ¿Cuál es la diferencia principal entre limpieza y desinfección dentro del Plan de Limpieza y Desinfección (L+D)?

a) La limpieza elimina microorganismos y la desinfección elimina suciedad visible.
b) La desinfección sustituye completamente a la limpieza.
c) Ambas tienen exactamente el mismo objetivo y procedimiento.
d) La limpieza elimina suciedad orgánica e inorgánica, mientras que la desinfección reduce o destruye los microorganismos presentes en las superficies.*

14. ¿Qué elemento debe incluir obligatoriamente el Programa de Limpieza y Desinfección?

a) La designación de una persona que verifique el plan, distinta de quien lo ejecuta.*
b) Únicamente la relación de productos detergentes utilizados.
c) Solo la frecuencia de limpieza de suelos y paredes.
d) Exclusivamente las zonas de manipulación directa de alimentos.

15. ¿Cuál de las siguientes medidas corresponde a la prevención frente a plagas en establecimientos alimentarios?

a) Aplicar insecticidas directamente sobre los alimentos almacenados.
b) Mantener puertas abiertas para favorecer la ventilación.
c) Sellar huecos de comunicación con el exterior e instalar mallas en ventanas y puertas.
d) Almacenar alimentos directamente sobre el suelo para facilitar la inspección.

En MADTEST tienes **más preguntas de este tema**, y todos tus avances quedan registrados y se reflejan en el ranking.

¡Supera tus límites con MADTEST!

Solución al test n.º 28

1. a) HP 2.

2. d) La Ley 22/2011, de 28 de julio, de residuos y suelos contaminados.

3. a) Los explosivos desclasificados.

4. b) Residuos domésticos.

5. d) Residuo.

6. a) Que la sustancia u objeto se pueda utilizar directamente sin tener que someterse a una transformación ulterior distinta de la práctica industrial habitual.

7. b) Agente.

8. c) Cajas de zapatos.

9. c) Biorresiduos.

10. b) Reducir un 50 % los residuos alimentarios per cápita en la venta minorista y consumidores, y un 20 % las pérdidas de alimentos en la cadena de producción y suministro.

11. b) Establecer el régimen jurídico de los envases y residuos de envases para prevenir y reducir su impacto ambiental a lo largo de todo su ciclo de vida.

12. c) Todo suministro, remunerado o gratuito, de un producto para su distribución, consumo o utilización en el mercado español en el transcurso de una actividad comercial.

13. d) La limpieza elimina suciedad orgánica e inorgánica, mientras que la desinfección reduce o destruye los microorganismos presentes en las superficies.

14. a) La designación de una persona que verifique el plan, distinta de quien lo ejecuta.

15. c) Sellar huecos de comunicación con el exterior e instalar mallas en ventanas y puertas.

TEST N.º 29

Información sobre alérgenos:
Alergia alimentaria e Intolerancia alimentaria

1. ¿Qué es una reacción adversa a los alimentos?

a) La respuesta anormal del organismo tras la ingestión de un alimento.
b) Una reacción desencadenada por un compuesto tóxico.
c) Reacción de hipersensibilidad a compuestos inorgánicos.
d) Este concepto es equivalente al de alergia alimentaria.

2. ¿Qué tipo de reacción es la que se produce debida a micotoxinas?

a) Hipersensibilidad.
b) Reacción adversa debida a compuestos químicos.
c) Reacción adversa debida a tóxicos.
d) Ninguna respuesta es correcta.

3. ¿Qué es una hipersensibilidad a los alimentos?

a) La reacción adversa por sustancias no tóxicas que depende de la susceptibilidad de cada persona a un alimento.
b) Una reacción adversa generalizada por el consumo de alimentos.
c) Respuesta al consumo de venenos.
d) Ninguna respuesta es correcta.

4. ¿Cuál no es una reacción adversa a los alimentos no tóxicos?

a) Alergia.
b) Intolerancia.
c) Toxiinfección.
d) Todas las respuestas son correctas.

5. ¿Cómo se denominan las proteínas que provocan una respuesta inmunitaria que se da en al menos un 50 % de las personas sensibles?

a) Alérgenos mayores.
b) Alérgenos menores.
c) Alergias.
d) Antígenos.

6. ¿En qué caso se origina una alergia alimentaria?

a) Cuando el alérgeno presente en el alimento desencadena una reacción inmunitaria en el organismo.
b) Cuando el alérgeno presente en el alimento desencadena una reacción no inmunitaria en el organismo.
c) Cuando el alérgeno alimentario no provoca ninguna reacción.
d) Ninguna respuesta es correcta.

7. ¿Qué es la reactividad cruzada?

a) Implica la aparición de síntomas sin que haya existido contacto previo con el alérgeno específico.
b) Ocurre cuando una persona toma un alimento que contiene alérgenos de gran similitud a otro al que ha estado expuesto.
c) Ocurre al ingerir otro alimento diferente pero con un alérgeno similar.
d) Todas las respuestas son correctas.

8. ¿Qué proteínas son alérgenos de la leche?

a) Lactoalbúmina.
b) Seroalbúmina.
c) Caseína.
d) Todas las respuestas son correctas.

9. ¿Qué parte del huevo contiene proteínas que actúan como alérgenos?

a) Solo la yema.
b) Solo la clara.
c) La cáscara.
d) Son correctas las respuestas a) y b).

10. ¿Qué parte del huevo es más alérgeno?

a) Clara.
b) Yema.

c) Cáscara.
d) Todas las partes por igual.

11. ¿Qué alérgeno no está presente en el pescado?

a) Anisakis.
b) Proteína del pescado.
c) Proteína ovomucoide.
d) Proteína del músculo del pescado.

12. ¿Cuál de estas especies puede estar infestada por anisakis?

a) Pescadilla.
b) Bacalao.
c) Pulpo.
d) Cualquiera de las anteriores.

13. ¿Diga qué es falso sobre el marisco?

a) Son frecuentes las reacciones alérgicas a los mariscos.
b) Los alérgenos son diversas proteínas específicas de cada marisco.
c) Los alérgenos del marisco se transfieren al agua de cocción.
d) No se da reactividad cruzada.

14. Indica la respuesta correcta sobre la soja:

a) La respuesta alérgica no se produce por vía inhalatoria.
b) Se han descrito reacciones cruzadas con los cacahuetes.
c) Algunos de los alimentos en los que puede estar presente son la comida asiática y la harina de trigo.
d) Se han descrito reacciones cruzadas con las verduras.

15. ¿Con qué disminuye la alergenicidad del altramuz?

a) Con tratamientos a bajas temperaturas.
b) Con tratamientos a altas temperaturas.
c) Con aditivos.
d) No se puede reducir su alergenicidad.

En MADTEST tienes **más preguntas de este tema**, y todos tus avances quedan registrados y se reflejan en el ranking.

¡Supera tus límites con MADTEST!

Solución al test n.º 29

1. a) La respuesta anormal del organismo tras la ingestión de un alimento.

2. c) Reacción adversa debida a tóxicos.

3. a) La reacción adversa por sustancias no tóxicas que depende de la susceptibilidad de cada persona a un alimento.

4. c) Toxiinfección.

5. a) Alérgenos mayores.

6. a) Cuando el alérgeno presente en el alimento desencadena una reacción inmunitaria en el organismo.

7. d) Todas las respuestas son correctas.

8. d) Todas las respuestas son correctas.

9. d) Son correctas las respuestas a) y b).

10. a) Clara.

11. c) Proteína ovomucoide.

12. d) Cualquiera de las anteriores.

13. d) No se da reactividad cruzada.

14. b) Se han descrito reacciones cruzadas con los cacahuetes.

15. b) Con tratamientos a altas temperaturas.

TEST N.º 30

Plan de Autocontrol y Sistema de APPCC
(Análisis de Peligros y Puntos de Control Crítico)

1. ¿Qué Reglamento refuerza la necesidad y obligatoriedad de que las empresas alimentarias apliquen un sistema de autocontrol basado en los principios del Análisis de Peligros y Puntos de Control Crítico (APPCC)?

a) El Reglamento (CE) n.º 852/2000 relativo a la higiene de los alimentos.
b) El Reglamento (CE) n.º 825/2004 relativo a la higiene de los alimentos.
c) El Reglamento (CE) n.º 852/2002 relativo a la higiene de los alimentos.
d) El Reglamento (CE) n.º 852/2004 relativo a la higiene de los alimentos.

2. ¿Qué principio de APPCC se encarga de establecer un sistema de vigilancia para asegurar el control de los PCCs mediante observaciones o pruebas programadas?

a) Principio 1.
b) Principio 2.
c) Principio 3.
d) Principio 4.

3. El sistema APPCC es un sistema de autocontrol para garantizar:

a) La calidad higiénico-preventiva de los alimentos.
b) La calidad higiénico-técnica de los alimentos.
c) La calidad higiénico-sanitaria de los alimentos.
d) Ninguna de las anteriores.

4. El sistema APPCC está basado en la idea de:

a) Corregir.
b) Prevenir.
c) Controlar.
d) Cccc.

5. Tras la limpieza, ¿qué método se utilizará para secar?

a) El aire.
b) Papel desechable.
c) Paños de algodón.
d) Las respuestas a) y b) son correctas.

6. El control organoléptico es:

a) Control basado en la vista.
b) Control basado en el olfato.
c) Control basado en el tacto y gusto.
d) Control basado en los sentidos: vista, olfato, tacto y gusto.

7. ¿A qué principio de un APPCC corresponde: "Identificar los Puntos de Control Críticos (PCC) del proceso"?

a) Principio 1.
b) Principio 2.
c) Principio 3.
d) Principio 4.

8. Indica la respuesta correcta con respecto al diagrama de flujo del sistema APPCC:

a) El diagrama de flujo representa la base del estudio del sistema APPCC.
b) Una vez que se elabore el diagrama, debe ser comprobado "in situ" y demostrado su correspondencia exacta con el proceso.
c) Un error en la confección del diagrama significa una desviación de todo el Sistema HACCP que se apoya en este diagrama de flujo.
d) Todas son correctas.

9. El sistema APPCC se basa en principios que permiten elaborar y mantener un Plan APPCC. ¿De cuántos principios se trata?

a) De cinco.
b) De siete.
c) De seis.
d) De ocho.

10. ¿Cuál de los siguientes no es un principio para mantener un Plan APPCC?

a) Realizar un análisis de peligros.
b) Establecer los límites críticos que deberán alcanzarse para asegurar que el PCC está bajo control.

c) Establecer las acciones correctoras a realizar cuando la vigilancia detecte que un PCC está fuera de control.

d) Establecer un sistema para registrar que el Plan APPCC está funcionando correctamente.

11. ¿A qué principio corresponde: "Etapa en la cual se establecen parámetros, reglas, normas y tolerancias indicativos, denominados también límites críticos, los cuales se requieren para asegurar que los Puntos Críticos (PCC) están bajo control"?

a) Principio 1. Realizar un análisis de peligros.

b) Principio 4. Establecer un sistema de vigilancia para asegurar el control de los PCC mediante observaciones o pruebas programadas.

c) Principio 6. Establecer un sistema para verificar que el Plan APPCC está funcionando correctamente.

d) Principio 3. Establecer los límites críticos que deberán alcanzarse para asegurar que el PCC está bajo control.

12. Un peligro puede entenderse como:

a) Una contaminación inaceptable por las materias anotadas.

b) La supervivencia o multiplicación de microorganismos de interés para la inocuidad del alimento.

c) La producción o persistencia inaceptable de toxinas u otros productos indeseables del metabolismo microbiano.

d) Todas las anteriores son correctas.

13. Señala la respuesta incorrecta. Algunos de los criterios con más frecuencia utilizados como límites críticos son:

a) Tiempo y temperatura.

b) Humedad y reactividad del agua (Aw).

c) Cloro residual disponible y viscosidad.

d) Datos sensoriales y Ph o acidez titulable.

14. Las técnicas en la vigilancia de los APPCC son:

a) La observación y evaluación sensorial.

b) La medición de parámetros físicos y controles químicos.

c) Los análisis microbiológicos.

d) Todas las anteriores son técnicas en la vigilancia de los APPCC.

15. Con el fin de hacer frente a las desviaciones detectadas al no satisfacerse los criterios de control o límites críticos, se deben formular:

a) Medidas correctivas específicas para cada PCC del sistema de APPCC.
b) Actividades correctivas específicas para cada PCC del sistema de APPCC.
c) Evaluaciones correctivas específicas para cada PCC del sistema de APPCC.
d) Ninguna de las anteriores.

En MADTEST tienes **más preguntas de este tema**, y todos tus avances quedan registrados y se reflejan en el ranking.

¡Supera tus límites con MADTEST!

Solución al test n.º 30

1. d) El Reglamento (CE) n.º 852/2004 relativo a la higiene de los alimentos.

2. d) Principio 4.

3. c) La calidad higiénico-sanitaria de los alimentos.

4. b) Prevenir.

5. d) Las respuestas a) y b) son correctas.

6. d) Control basado en los sentidos: vista, olfato, tacto y gusto.

7. b) Principio 2.

8. d) Todas son correctas.

9. b) De siete.

10. d) Establecer un sistema para registrar que el Plan APPCC está funcionando correctamente.

11. d) Principio 3. Establecer los Límites Críticos que deberán alcanzarse para asegurar que el PCC está bajo control.

12. d) Todas las anteriores son correctas.

13. b) Humedad y Reactividad del agua (Aw).

14. d) Todas las anteriores son técnicas en la vigilancia de los APPCC.

15. a) Medidas correctivas específicas para cada PCC del sistema de APPCC.

TEST N.º 31

Los condimentos. El azúcar, la sal y el vinagre. Hierbas aromáticas y especias. Condimentos frescos y secos. Hortalizas de condimentación. Aderezos. Grasas y aceites

1. ¿Qué aportan fundamentalmente los condimentos a las elaboraciones culinarias?

a) Sabor y aroma característicos.
b) Calorías.
c) Vitaminas y minerales.
d) Proteínas.

2. ¿De dónde se obtiene el azúcar?

a) De la caña de azúcar.
b) De la remolacha azucarera.
c) De las plantas sacarinas.
d) Todas las respuestas son correctas.

3. ¿Qué es el azúcar pilé?

a) Azúcar terciado.
b) El azúcar proveniente de los primeros productos de extracción.
c) El procedente de los primeros productos de extracción, aglomerado en las centrífugas y desmenuzado en terrones de tamaño irregular.
d) El azúcar refinado.

4. ¿Cómo se denomina el azúcar refinado, cuando se presenta en panes de forma cónica?

a) Cortadillo.
b) Granulado.
c) Pilé.
d) Pilón.

5. ¿Qué es la melada?

a) Es el producto siruposo que se obtiene por evaporación del jugo purificado de la caña antes de concentrarlo al punto de cristalización.

b) Un líquido más o menos viscoso, de color pardo oscuro, que queda como residuo en la fabricación del azúcar de caña o de la refinación de la misma.

c) Es el azúcar refinado cuando se presenta en grandes cristales transparentes y de disolución difícil.

d) Ninguna respuesta es correcta.

6. ¿De qué está compuesta el azúcar glacé?

a) Fécula de arroz o maíz.
b) Mezcla de sacarosa, glucosa y fructosa.
c) Suero de leche.
d) Glucosa anhidra.

7. ¿Qué característica/s tiene la sal comestible?

a) Contendrá una proporción de agua mayor de 5 %.
b) Estará exenta de nitratos, nitritos y sales amónicas.
c) Cristales blancos, de olor característico, e insolubles en agua.
d) Todas las respuestas son correctas.

8. ¿En qué caso no referimos a un vinagre añejo?

a) Vinagre sometido a un periodo de envejecimiento mínimo de tres meses en recipientes de madera de roble.

b) Vinagre sometido a un periodo de envejecimiento mínimo de seis meses en recipientes de madera de roble.

c) Vinagre sometido a un periodo de envejecimiento mínimo de doce meses en recipientes de madera de roble.

d) Vinagre sometido a un periodo de envejecimiento mínimo de veinticuatro meses en recipientes de madera de roble.

9. ¿Cómo se obtiene el vinagre de vino?

a) Por fermentación acética.
b) Por fermentación alcohólica.
c) Por fermentación láctica.
d) Ninguna respuesta es correcta.

10. ¿Qué característica define al vinagre balsámico de sidra?

a) Se obtiene exclusivamente por fermentación acética del vino tinto.

b) Es el resultado de añadir zumo concentrado de manzana al vinagre de sidra, con un contenido mínimo de 150 g/l de azúcar procedente de dicho zumo.

c) Contiene azúcares añadidos de origen artificial para aumentar su dulzor.

d) Se elabora únicamente a partir de mosto de uva concentrado.

11. ¿Qué parte de la planta se utiliza en la canela?

a) Arillos.

b) Raíz.

c) Corteza.

d) Hoja.

12. ¿Qué parte de la planta es el azafrán?

a) Los arilos.

b) Los estigmas.

c) El botón floral.

d) La raíz.

13. ¿Cuál de las siguientes hierbas pertenecen al género menta?

a) Menta.

b) Hierbabuena.

c) Poleo.

d) Todas las respuestas son correctas.

14. ¿De qué parte de la planta sale la mostaza?

a) Del tallo.

b) De la semilla.

c) De la raíz.

d) De los estambres.

15. ¿Qué otro nombre recibe el ajonjolí?

a) Sésamo.

b) Mostaza.

c) Jengibre.

d) Espliego.

En MADTEST tienes **más preguntas de este tema**, y todos tus avances quedan registrados y se reflejan en el ranking.

¡Supera tus límites con MADTEST!

Solución al test n.º 31

1. a) Sabor y aroma característicos.

2. d) Todas las respuestas son correctas.

3. c) El procedente de los primeros productos de extracción, aglomerado en las centrífugas y desmenuzado en terrones de tamaño irregular.

4. d) Pilón.

5. a) Es el producto siruposo que se obtiene por evaporación del jugo purificado de la caña antes de concentrarlo al punto de cristalización.

6. a) Fécula de arroz o maíz.

7. b) Estará exenta de nitratos, nitritos y sales amónicas.

8. c) Vinagre sometido a un periodo de envejecimiento mínimo de doce meses en recipientes de madera de roble.

9. a) Por fermentación acética.

10. b) Es el resultado de añadir zumo concentrado de manzana al vinagre de sidra, con un contenido mínimo de 150 g/l de azúcar procedente de dicho zumo.

11. c) Corteza.

12. b) Los estigmas.

13. d) Todas las respuestas son correctas.

14. b) De la semilla.

15. a) Sésamo.

TEST N.º 32

Fondos de cocina. Fundamentales y complementarios. Salsas. Grandes y pequeñas salsas básicas. Salsas derivadas. Composición, variaciones, elaboración, aplicaciones y conservación

1. ¿Qué utilidad tienen los fondos?

a) Aderezar.
b) Ligar.
c) Elaborar rellenos.
d) Todas las anteriores.

2. ¿Qué son las farces?

a) Preparaciones básicas utilizadas para abrillantar, dar cuerpo o decorar en buffet.
b) Caldo de pescado.
c) Elaboraciones de carne o pescado mezcladas con grasa, utilizadas para rellenar géneros.
d) Ninguna respuesta es correcta.

3. ¿Cómo se denomina el preparado a base de harina tostada a fuego lento, y rehogada con grasa, utilizado para ligar?

a) Fondo.
b) Fumet.
c) Roux.
d) Bechamel.

4. ¿Cuáles de los siguientes elementos se utilizan como ligazones?

a) Almidón.
b) Albúmina.
c) Grasas.
d) Todos los anteriores.

5. ¿Qué es una fumet?

a) Un caldo de verduras.
b) Un fondo.
c) Un caldo concentrado de pescado.
d) Las respuestas b) y c) son correctas.

6. ¿De dónde se obtiene la tapioca?

a) De la mandioca.
b) De la harina.
c) De la tapioca.
d) Del arroz.

7. ¿Qué tipo de fondo es el que se obtiene por cocción de carne y huesos de ternera o ave normalmente, junto con hortalizas para condimentar, utilizándose para mojar carne guisada o arroz, así como para elaborar sopas, salsas, o cremas?

a) Fondo negro.
b) Fondo blanco.
c) Fondo gris.
d) Fumet.

8. ¿Cómo se denomina la harina que se obtiene de la mandioca (*Manihot esculenta*)?

a) Arruruz.
b) Fécula.
c) Tapioca.
d) Roux.

9. Al caldo aromatizado que se prepara generalmente con las espinas del pescado blanco se denomina:

a) Caldo blanco.
b) Caldo corlo.
c) Caldo blanco corto.
d) Fume.

10. ¿Para qué sirve un roux?

a) Ligar salsas.
b) Mojar pescado.
c) Conservar alimentos.
d) Escaldar verduras.

11. Reducir una salsa consiste en:

a) Agregar nata a una salsa.
b) Incorporar yemas de huevo a una salsa.
c) Cubrir un alimento con una salsa.
d) Dejar hervir una salsa para hacerla más concentrada.

12. Dentro de que elaboración básica se encuentran los caldos:

a) Salsas.
b) Consomé.
c) Fondos.
d) Potajes.

13. ¿Cuál de las siguientes elaboraciones se obtiene a partir de un fondo blanco?

a) Consomé clarificado.
b) Glacé.
c) Arrurruz.
d) Todas son correctas.

14. ¿Cuántos gramos de harina lleva un roux claro?

a) 50 g.
b) 100 g.
c) 150 g.
d) 200 g.

15. ¿Cuál de los siguientes alimento se utiliza como ligazón de una velouté?

a) Clara.
b) Yema.
c) Nata.
d) Las opciones b) y c) son correctas.

En MADTEST tienes **más preguntas de este tema**, y todos tus avances quedan registrados y se reflejan en el ranking.

¡Supera tus límites con MADTEST!

Solución al test n.º 32

1. d) Todas las anteriores.

2. c) Elaboraciones de carne o pescado mezcladas con grasa, utilizadas para rellenar géneros.

3. c) Roux.

4. d) Todos los anteriores.

5. d) Las respuestas b) y c) son correctas.

6. a) De la mandioca.

7. b) Fondo blanco.

8. c) Tapioca.

9. d) Fume.

10. a) Ligar salsas.

11. d) Dejar hervir una salsa para hacerla más concentrada.

12. c) Fondos.

13. a) Consomé clarificado.

14. b) 100 g.

15. d) Las opciones b) y c) son correctas.

TEST N.º 33

Hortalizas. Hortalizas de temporada. Limpieza y conservación. Métodos de cocinado. Elaboraciones. Las ensaladas. Setas y hongos

1. ¿Cuál de las siguientes hortalizas pertenece al grupo de hortalizas de raíz?

a) Espinaca.
b) Zanahoria.
c) Calabacín.
d) Apio.

2. ¿Qué criterio se utiliza para clasificar las hortalizas en frutos, tallos, raíces u hojas?

a) Su contenido en agua.
b) El tipo de cocción que requieren.
c) La parte de la planta que se consume.
d) Su color y sabor predominante.

3. ¿Cuál de las siguientes características nutricionales define mejor a las hortalizas?

a) Alto contenido en grasas y proteínas de alto valor biológico.
b) Elevado aporte de agua y bajo valor calórico, con presencia destacada de fibra y vitaminas como la C y el ácido fólico.
c) Gran cantidad de azúcares simples responsables de su sabor dulce.
d) Alto contenido en proteínas completas con todos los aminoácidos esenciales.

4. ¿Qué permiten evaluar principalmente los factores organolépticos en las hortalizas?

a) La frescura, el estado de conservación y la calidad sensorial del producto.
b) El contenido exacto de vitaminas y minerales.
c) El porcentaje de agua presente en la hortaliza.
d) El rendimiento económico del cultivo por hectárea.

5. ¿Qué cambio sensorial se produce en las hortalizas a medida que maduran?

a) Aumenta el sabor ácido y disminuye el dulzor.
b) Se vuelve más firme su textura con el paso del tiempo.
c) Mantienen inalterables su olor y textura desde la recolección.
d) Se intensifica el dulzor debido al aumento de azúcares y puede modificarse su aroma.

6. ¿Cuál es una ventaja principal de consumir hortalizas en su época de estacionalidad?

a) Presentan peor calidad pero mayor tamaño.
b) Son más caras debido a la alta demanda.
c) Ofrecen mejor calidad y suelen tener un precio más económico por mayor oferta.
d) Se conservan indefinidamente sin necesidad de refrigeración.

7. ¿Qué es la alcachofa?

a) Bulbo.
b) Pepónide.
c) Inflorescencia.
d) Tallo joven.

8. ¿Cuál de las siguientes afirmaciones sobre las hortalizas es falsa?

a) Todas se caracterizan por su elevado aporte de agua, que puede llegar hasta un 95 % del peso total.
b) Su aporte calórico es elevado por el exceso de glúcidos, grasas y proteínas.
c) Los glúcidos que contienen son complejos (en forma de almidón), por esa razón carecen de sabor dulce.
d) Destacan por su contenido en celulosa, algunas hemicelulosas y la lignina.

9. ¿Cuál de las siguientes verduras es un bulbo?

a) Coliflor.
b) Berenjena.
c) Puerro.
d) Guindilla

10. ¿Con qué otro nombre se conoce a la Seta de San Jorge?

a) Perritxiko.
b) Oronja.
c) Robellón.
d) Cep.

11. ¿Cuál de estas verduras se pela?

a) Zanahoria.
b) Pimiento.
c) Champiñón.
d) Espinaca.

12. ¿Cómo se pelan los tomates?

a) Con cuchillo.
b) Con máquina.
c) Por escaldado.
d) Por fritura.

13. ¿A qué se debe el ennegrecimiento de las verduras?

a) A la oxidación.
b) A las grasas.
c) A la luz.
d) Todas las respuestas son falsas.

14. ¿Cómo se puede evitar?

a) Pelando.
b) Con zumo de limón.
c) Por escaldado.
d) Con aceite.

15. ¿Cómo se lava la lechuga?

a) Entera.
b) Las hojas enteras.
c) Las hojas troceadas.
d) No se lava.

En MADTEST tienes **más preguntas de este tema**, y todos tus avances quedan registrados y se reflejan en el ranking.

¡Supera tus límites con MADTEST!

Solución al test n.º 33

1. b) Zanahoria.

2. c) La parte de la planta que se consume.

3. b) Elevado aporte de agua y bajo valor calórico, con presencia destacada de fibra y vitaminas como la C y el ácido fólico.

4. a) La frescura, el estado de conservación y la calidad sensorial del producto.

5. d) Se intensifica el dulzor debido al aumento de azúcares y puede modificarse su aroma.

6. c) Ofrecen mejor calidad y suelen tener un precio más económico por mayor oferta.

7. c) Inflorescencia.

8. b) Su aporte calórico es elevado por el exceso de glúcidos, grasas y proteínas.

9. c) Puerro.

10. a) Perritxiko.

11. a) Zanahoria.

12. c) Por escaldado.

13. a) A la oxidación.

14. b) Con zumo de limón.

15. b) Las hojas enteras.

Las legumbres secas y las patatas. Clases, calidad, propiedades, pre elaboración, aplicaciones, conservación y cocinado. Potajes, sopas, consomés y cremas. Las guarniciones

1. ¿Qué característica define la calidad de una legumbre?

a) Facilidad de cocción.
b) Hollejo grueso.
c) Poca desecación.
d) Todas las respuestas son correctas.

2. ¿Cuánto tiempo se dejarán las legumbres en remojo?

a) 2 horas.
b) 24 horas.
c) 48 horas.
d) No necesitan remojo.

3. ¿Cuál de estas judías son blancas?

a) Judías de Tolosa.
b) Judías del Barco.
c) Judías pintas de León.
d) Caparrón.

4. ¿Qué tipo de garbanzos encontramos en España?

a) Deshi
b) Gulabi.
c) Kabuli.
d) Todas las respuestas son correctas.

5. ¿Cuál es el garbanzo más pequeño?

a) Blanco lechoso.
b) Pedrosillano.

c) Chamad.
d) Castellano.

6. ¿Qué variedad de patata es de origen holandés y tiene la piel roja y carne amarilla?

a) Gineke.
b) Duquesa.
c) Knnebec.
d) Arran.

7. ¿Qué forma tienen las patatas *persillé*?

a) Cuadrado.
b) Rodaja.
c) Barril.
d) Dado.

8. ¿Qué corte de patata se realiza en tiras de 3 mm de ancho y unos 4-5 cm de largo?

a) Bastón.
b) Batalla.
c) Fondantes.
d) Lionesas.

9. Patatas salteadas a las que se les ha añadido abundante cebolla frita-sudada:

a) Maitre d'hotel- a la crema.
b) Makario.
c) Lionesas.
d) Fondantes.

10. ¿Qué tipo de patatas se utiliza para las papas arrugadas?

a) Patata negra de Lanzarote.
b) Patata roja.
c) Patata blanca.
d) Cualquier patata nueva.

11. ¿Cómo se denominan las patatas parmentier a las que se añade ajo picado, finas hierbas y chalotes?

a) Bretona.
b) Bordelesa.
c) Alsaciana.
d) Duquesa.

12. ¿Cuál es el elemento de ligazón en la Purrusalda vizcaína?

a) Legumbre.
b) Arroz.
c) Patata.
d) Sofrito.

13. ¿Cuál de estos potajes son ligados por un majado?

a) Minestrone piamontesa.
b) Lentejas lionesa.
c) Pote gallego.
d) Marmitako de Guetaria.

14. ¿Qué verdura suele llevar el potaje de vigilia?

a) Berro.
b) Espinaca.
c) Col.
d) Pimiento.

15. ¿Cuál de estos ingredientes no lleva el Marmitako de Guetaria?

a) Patatas.
b) Pimiento.
c) Chorizo.
d) Bonito.

En MADTEST tienes **más preguntas de este tema**, y todos tus avances quedan registrados y se reflejan en el ranking.

¡Supera tus límites con MADTEST!

Solución al test n.º 34

1. a) Facilidad de cocción.

2. b) 24 horas.

3. b) Judías del Barco.

4. c) Kabuli.

5. b) Pedrosillano.

6. a) Gineke.

7. c) Barril.

8. a) Bastón.

9. c) Lionesas.

10. a) Patata negra de Lanzarote.

11. b) Bordelesa.

12. c) Patata.

13. a) Minestrone piamontesa.

14. b) Espinaca.

15. c) Chorizo.

TEST N.º 35

Huevos. Composición, valor comercial, conservación y grado de frescura. Métodos de cocinado

1. ¿Qué son las chalazas?

a) Embrión del huevo.
b) Cordones densos ligeramente elásticos de clara.
c) Cámara de aire de gran tamaño en huevos que no están frescos.
d) Resto de sangre en la clara del huevo.

2. ¿Qué peso mínimo tienen los huevos tamaño XL?

a) 93 gr.
b) 73 gr.
c) 63 gr.
d) 53 gr.

3. ¿Cuál es el primer número del código de los huevos ecológicos?

a) 0.
b) 1.
c) 2.
d) 3.

4. ¿Cómo se elaboran los huevos a «la poêle»?

a) Fritos.
b) Cocidos.
c) Al horno.
d) Hirviendo en vinagre.

5. ¿Qué características tiene el huevo en las elaboraciones?

a) Aglutinante.
b) Emulsionante.

c) Espesante.
d) Todas las respuestas son correctas.

6. ¿Cómo se deben conservar los huevos?

a) En refrigeración.
b) En congelación.
c) A temperatura ambiente.
d) En un lugar bien iluminado.

7. ¿Qué significa que un huevo se vaya al fondo en salmuera?

a) Muy fresco.
b) Poco fresco.
c) Pasado.
d) No indica nada.

8. Si mirando al trasluz un huevo está completamente oscuro, ¿qué indica?

a) Huevo fresco.
b) Huevo muy fresco.
c) Huevo pasado.
d) Huevo podrido.

9. Los huevos frescos vistos al ovoscopio aparecerán:

a) Perfectamente claros y sin sombra alguna.
b) La cámara de aire será de tamaño pequeño, de no más de 7 milímetros de altura.
c) La yema aparecerá sombreada en el centro sin un desplazamiento sensible hacia los lados.
d) Todas las anteriores.

10. La denominación específica de huevo, hace referencia:

a) Única y exclusivamente a los huevos de aves domésticas.
b) Única y exclusivamente a los huevos de aves y reptiles.
c) Única y exclusivamente a los huevos de gallina.
d) Única y exclusivamente a los huevos de aves domésticas o no.

11. En los huevos abuñuelados:

a) Se pone mantequilla en una sartén, a fuego medio-bajo (100 ºC) y, cuando ésta se haya derretido, se incorporan los huevos.
b) Se pondrá una cantidad de aceite que cubra sobradamente la altura del huevo, oscilando la temperatura alrededor de los 180 ºC.

c) El aceite de la sartén no sobrepasa los 120 ºC y no debe cubrirlos.

d) Se pone en un platillo especial una nuez de mantequilla, se coloca el plato sobre la plancha caliente y cuando la mantequilla se derrite se ponen dos piezas de huevos.

12. Los huevos en cocote:

a) Son huevos que se introducen en un pequeño recipiente de cerámica.

b) Son también llamados huevos al plato.

c) Son huevos a la plancha.

d) Son huevos hilados.

13. ¿Cómo se conservan los huevos a la española?

a) No se conserva.

b) Se conserva en el frigorífico.

c) Se congelan.

d) Todas son correctas.

14. Los huevos que se introducen en un pequeño recipiente de cerámica o porcelana –generalmente una pieza en cada molde–, el cual se engrasa con mantequilla y a continuación se introduce en el baño maría y se cuecen en él, se denominan:

a) Huevos al plato.

b) Huevos gratinados.

c) Huevos al horno.

d) Huevos en cocote o moldeados.

15. ¿Qué otros géneros distintos de huevo se utilizan para elaborar tortilla?

a) Hortalizas.

b) Pescado.

c) Carne.

d) Se puede utilizar cualquiera de ellos: como ejemplo de los más utilizados están el bonito, el jamón, y las patatas.

Solución al test n.º 35

1. b) Cordones densos ligeramente elásticos de clara.

2. b) 73 gr.

3. a) 0.

4. a) Fritos.

5. d) Todas las respuestas son correctas.

6. c) A temperatura ambiente.

7. a) Muy fresco.

8. d) Huevo podrido.

9. d) Todas las anteriores.

10. c) Única y exclusivamente a los huevos de gallina.

11. b) Se pondrá una cantidad de aceite que cubra sobradamente la altura del huevo, oscilando la temperatura alrededor de los 180 ºC.

12. a) Son huevos que se introducen en un pequeño recipiente de cerámica.

13. a) No se conserva.

14. d) Huevos en cocote o moldeados.

15. d) Se puede utilizar cualquiera de ellos: como ejemplo de los más utilizados están el bonito, el jamón, y las patatas.

Las pastas

1. ¿Qué ingredientes lleva la salsa pesto?

a) Carne picada, tomate, ajo, cebolla, sal y aceite de oliva.
b) Aceite de oliva, albahaca, ajo, sal, piñones y queso parmesano.
c) Panceta, aceite de oliva, ajo, huevos, queso parmesano, sal y pimienta.
d) Tomate, ajo, cebolla, aceite de oliva, sal y guindilla.

2. ¿Qué tipo de queso es el Ricota?

a) Fresco.
b) Semicurado.
c) Curado.
d) Añejo.

3. ¿Qué salsa de las siguientes es picante?

a) Carbonara.
b) Arrabiata.
c) Pesto.
d) Boloñesa.

4. Señala cuál de las siguientes pastas es gruesa y hueca:

a) Estrellitas.
b) Fusilli.
c) Ditali.
d) Canelones.

5. ¿Qué forma tiene la pasta *fetuccine*?

a) Tiras planas.
b) Anillos.

c) Láminas cuadradas.
d) Cilindros.

6. ¿Cuál de las siguientes es una pasta corta hueca?

a) Rigatoni.
b) Anelli.
c) Ravioli.
d) Linguine.

7. ¿Qué es la polenta?

a) Pasta de patata.
b) Pasta de origen griego confeccionada con sémola o semolina de maíz.
c) Pasta de origen alemán elaborada con harina de trigo.
d) Ninguna respuesta es correcta.

8. ¿Cómo se cuece la pasta en la fideuá?

a) Con agua sin sal.
b) Con caldo sobre un sofrito en el agua.
c) Con escasa agua condimentada.
d) Con aceite abundante.

9. ¿De qué leche se obtiene el queso Pecorino?

a) Vaca.
b) Oveja.
c) Cabra.
d) Mezcla de los tres.

10. ¿De qué tipo es el queso Fontina?

a) Queso curado de leche de vaca.
b) Queso curado de leche de oveja.
c) Queso cremoso de leche de vaca.
d) Queso cremoso de leche de oveja.

11. ¿Cuál es la pasta que se utiliza más habitualmente en la sopa?

a) Fideos.
b) Estrellitas.
c) Coditos.
d) Las respuestas a) y b) son correctas.

12. ¿Qué alimentos componen la salsa boloñesa?

a) Carne picada, tomate, ajo, cebolla, sal y aceite de oliva.
b) Carne picada, ajo, cebolla y nata.
c) Zanahoria, pollo y hierbas aromáticas.
d) Aceite de oliva, albahaca, cebolla y piñones.

13. ¿Qué salsa se prepara con panceta, aceite de oliva, ajo, huevos, queso parmesano, sal y pimienta?

a) Boloñesa.
b) Carbonara.
c) Pesto.
d) Arrabiata.

14. ¿Cuál de estas salsas no lleva tomate?

a) Al queso.
b) Arrabiata.
c) Pesto.
d) Boloñesa.

15. ¿Cuál de estas salsas lleva guindilla?

a) Arrabiata.
b) Pesto.
c) Carbonara.
d) Boloñesa.

En MADTEST tienes **más preguntas de este tema**, y todos tus avances quedan registrados y se reflejan en el ranking.

¡Supera tus límites con MADTEST!

Solución al test n.º 36

1. b) Aceite de oliva, albahaca, ajo, sal, piñones y queso parmesano.

2. a) Fresco.

3. b) Arrabiata.

4. c) Ditali.

5. a) Tiras planas.

6. a) Rigatoni.

7. b) Pasta de origen griego confeccionada con sémola o semolina de maíz.

8. b) Con caldo sobre un sofrito en el agua.

9. b) Oveja.

10. c) Queso cremoso de leche de vaca.

11. d) Las respuestas a) y b) son correctas.

12. a) Carne picada, tomate, ajo, cebolla, sal y aceite de oliva.

13. b) Carbonara.

14. a) Al queso.

15. a) Arrabiata.

TEST N.º 37

Los arroces

1. ¿A qué pertenece la denominación de origen Calasparra?

a) Aceite de Madrid.
b) Arroz de Murcia.
c) Jamón de Galicia.
d) Queso de Cáceres.

2. ¿Cuánto mide el grano largo de arroz?

a) Más de 10 mm.
b) Más de 6 mm.
c) Entre 5 y 6 mm.
d) Menos de 5 mm.

3. ¿Cómo se obtiene el arroz glaseado?

a) A partir del arroz blanco sin pericarpio, tratado con glucosa y/o talco para usos alimenticios.
b) A partir del arroz blanco tratado con parafina líquida o con aceites, ambos aptos para el consumo humano.
c) Es sometido a tratamiento para aumentar su valor nutritivo.
d) Resultado de distintos grados de trituración de trocitos de arroz muy blanqueados.

4. ¿Cuál es el arroz típico en Japón?

a) Surinam.
b) Basmati.
c) Glutinoso.
d) Salvaje.

5. ¿Qué textura tiene el *risotto*?

a) Caldosa.
b) Cremosa.

c) Seca.
d) Aglutinado.

6. ¿Cómo se sirve el arroz *abanda*?

a) Caldoso.
b) El arroz se acompaña de alioli, y el pescado o marisco se sirve por separado.
c) El pescado se coloca sobre el arroz y se sirven al tiempo.
d) El arroz se sirve revuelto con la carne.

7. ¿Qué es el arroz «colorao»?

a) Arroz seco con marisco.
b) Arroz caldoso con judías rojas.
c) Arroz a la criolla adicionado de manteca o aceite de achiote.
d) Arroz cocido en vino tinto, y dorado al horno.

8. ¿Cómo se denomina el postre de arroz recubierto de gelatina de grosella?

a) Emperatriz.
b) Conde.
c) Duque.
d) Reina.

9. ¿Qué característica tiene el arroz con leche de Asturias?

a) Lleva canela.
b) Se perfuma con anís.
c) Va cubierto de grosella.
d) Lleva zumo de limón.

10. ¿Cómo se obtiene el arroz glaseado o perlado?

a) Se obtiene a partir del arroz blanco sin pericarpio, tratado con glucosa y/o talco para usos alimenticios.
b) Se obtiene a partir del arroz blanco tratado con parafina líquida o con aceites.
c) Arroz elaborado que ha sido sometido a tratamiento para aumentar su valor nutritivo, añadiéndole vitaminas, sustancias minerales, aminoácidos.
d) Todas son correctas.

11. ¿Cuál de estos granos de arroz se considera defectuoso?

a) Verde.
b) Yesoso.
c) Cobrizo.
d) Todos los anteriores.

12. Un arroz que mide 5,5 mm de largo, ¿qué tipo de grano tiene?

a) Largo.
b) Medio.
c) Corto.
d) Redondo.

13. ¿Qué arroz se ha obtenido a partir del arroz blanco tratado con parafina líquida o con aceites?

a) Arroz glaseado.
b) Arroz perlado.
c) Arroz matizado.
d) Sémola.

14. ¿Qué es el arroz basmati?

a) Una variedad europea.
b) Un arroz aromático.
c) Un arroz tratado.
d) Un arroz tostado.

15. ¿Cuál de estos arroces tienen denominación de origen en España?

a) Calasparra.
b) Basmati.
c) Salvaje.
d) Surinam.

En MADTEST tienes **más preguntas de este tema**, y todos tus avances quedan registrados y se reflejan en el ranking.

¡Supera tus límites con MADTEST!

Solución al test n.º 37

1. b) Arroz de Murcia.

2. b) Más de 6 mm.

3. a) A partir del arroz blanco sin pericarpio, tratado con glucosa y/o talco para usos alimenticios.

4. c) Glutinoso.

5. b) Cremosa.

6. b) El arroz se acompaña de alioli, y el pescado o marisco se sirve por separado.

7. c) Arroz a la criolla adicionado de manteca o aceite de achiote.

8. a) Emperatriz.

9. b) Se perfuma con anís.

10. a) Se obtiene a partir del arroz blanco sin pericarpio, tratado con glucosa y/o talco para usos alimenticios.

11. d) Todos los anteriores.

12. b) Medio.

13. c) Arroz matizado.

14. b) Un arroz aromático.

15. a) Calasparra.

TEST N.º 38

Pescados y mariscos. Limpieza y conservación. Identificación del frescor, presentación en el mercado, métodos de captura y temporadas, especies más importantes, clasificación. Métodos de cocinado. Corte y racionado del pescado

1. ¿Qué tipo de pescado es la merluza?

a) Azul.
b) Blanco.
c) Salado.
d) Semigraso.

2. ¿Qué característica presentará el pescado fresco?

a) Agallas de color rojizo vivo y limpio.
b) Ojos opacos.
c) Carne blanda que se separa fácilmente de la espina.
d) Todas las respuestas enumeran características de frescura.

3. ¿Qué característica nutricional tiene el arenque?

a) Su contenido en ácidos grasos poliinsaturados como los omega 6.
b) Su contenido en ácidos grasos poliinsaturados como los omega 3 (docosahexanoico o DHA y eicosapentanoico o EPA).
c) Su contenido en ácidos grasos saturados.
d) Su contenido en ácidos grasos monoinsaturados.

4. ¿Qué vitaminas no son características del atún?

a) Vitamina A.
b) Vitamina D.
c) Vitamina E.
d) Vitamina K.

5. ¿Dónde haría la incisión en el pescado para eviscerar?

a) En la parte inferior.
b) En la parte superior.
c) En la parte dorsal.
d) En la parte posterior.

6. ¿Qué es el medallón?

a) Un corte de pescado.
b) Un corte de verdura.
c) Un corte de carne.
d) Un corte de aves.

7. ¿Cómo se logra que los moluscos suelten la arena de su interior?

a) Con agua caliente.
b) Cubriendo de sal.
c) Con agua fría y sal.
d) Manualmente.

8. ¿Cuándo se considera que un pescado es fresco?

a) Cuando ha sufrido operaciones de conservación tras su captura.
b) Cuando ha sido conservado a bordo de los pesqueros en salmuera refrigerada.
c) Cuando ha sido congelado.
d) En todos estos casos.

9. ¿Cuál de estos signos indica pescado no fresco?

a) Carne flácida.
b) Ojos brillantes.
c) Color y olor normal.
d) Todas las respuestas son correctas.

10. ¿Qué es cierto sobre el mantenimiento del pescado fresco?

a) Los recipientes tendrán orificios en la base para la salida del agua resultante del hielo al derretirse.
b) Se mantendrá por debajo de los 0 ºC.
c) Se apilarán todas las cajas.
d) Todas las respuestas son correctas.

11. ¿Cómo se conserva el pescado salado?

a) Por acción prolongada de la sal común en forma sólida.
b) Por acción de sal en forma de salmuera.

c) Por acción del humo.
d) Son correctas las respuestas a) y b).

12. ¿Qué tareas previas al ahumado del pescado se deben realizar?

a) Eviscerado.
b) Acción de salmuera.
c) Desecación.
d) Todas las anteriores.

13. ¿Qué afirmación es cierta?

a) El pescado tiene un contenido proteico similar a la carne.
b) Las proteínas del pescado tienen menor valor biológico que las de la carne.
c) En pescado y marisco hay una cantidad relevante de hidratos de carbono.
d) Todas las respuestas anteriores son ciertas.

14. ¿Qué es el omega 3?

a) Ácido graso que no aporta el pescado.
b) Sustancia con efectos beneficiosos para la salud actuando como preventivo de las enfermedades cardiovasculares y sus factores de riesgo asociado.
c) Una vitamina.
d) Todas las respuestas son correctas.

15. ¿Cuál de los siguientes es un molusco?

a) Caracol.
b) Sepia.
c) Langosta.
d) Cachalote.

En MADTEST tienes **más preguntas de este tema**, y todos tus avances quedan registrados y se reflejan en el ranking.

¡Supera tus límites con MADTEST!

Solución al test n.º 38

1. b) Blanco.

2. a) Agallas de color rojizo vivo y limpio.

3. b) Su contenido en ácidos grasos poliinsaturados como los omega 3 (docosahexanoico o DHA y eicosapentanoico o EPA).

4. d) Vitamina K.

5. a) En la parte inferior.

6. a) Un corte de pescado.

7. c) Con agua fría y sal.

8. b) Cuando ha sido conservado a bordo de los pesqueros en salmuera refrigerada.

9. a) Carne flácida.

10. a) Los recipientes tendrán orificios en la base para la salida del agua resultante del hielo al derretirse.

11. d) Son correctas las respuestas a) y b).

12. d) Todas las anteriores.

13. a) El pescado tiene un contenido proteico similar a la carne.

14. b) Sustancia con efectos beneficiosos para la salud actuando como preventivo de las enfermedades cardiovasculares y sus factores de riesgo asociado.

15. a) Caracol.

TEST N.º 39

Las carnes. Generalidades, valoración comercial. Métodos de cocinado. El vacuno mayor, vacuno menor, cerdo y cordero. Despieces y desguaces. Denominación de las piezas. Las aves, la caza. Los despojos

1. ¿Cuál es el macho adulto castrado de los bóvidos?

a) Toro.
b) Buey.
c) Ternero.
d) Choto.

2. ¿Cómo se denomina el porcino desde que nace hasta el destete?

a) Lechón.
b) Tostón.
c) Verraco.
d) Cerdo.

3. ¿De dónde es autóctono el cerdo ibérico?

a) De América.
b) De Asia.
c) De Suiza.
d) De España.

4. ¿Qué parte del vacuno es primera B?

a) Solomillo.
b) Babilla.
c) Aguja.
d) Costillar.

5. ¿Qué aves son de categoría A?

a) Las que presentan algunos golpes.
b) Las que tienen rotura de piel.
c) Las que no tienen golpes ni roturas.
d) Las que tienen daños externos graves.

6. ¿Qué son derivados cárnicos?

a) Productos alimenticios preparados totalmente con carne.
b) Productos alimenticios preparados totalmente con despojos.
c) Productos alimenticios preparados parcialmente con carnes y despojos.
d) Todas las respuestas son correctas.

7. ¿Qué es el chorizo?

a) Embutido de vísceras.
b) Embutido de sangre.
c) Embutido de carne.
d) Fiambre.

8. ¿Cuáles son las hembras de ave adultas dedicadas a la reproducción?

a) Gallina.
b) Pularda.
c) Perdiz.
d) Pollo.

9. ¿Cuál de las siguientes afirmaciones es verdadera?

a) Las carnes son ricas en proteínas de bajo valor biológico, ya que su contenido en aminoácidos esenciales no es bueno.
b) En el tejido conjuntivo es rico en todos los aminoácidos esenciales.
c) Las grasas de las carnes son ricas en ácidos grasos saturados y colesterol.
d) Se consideran carnes grasas las de pollo, pavo y conejo.

10. ¿Cómo se lavará la carne?

a) Bajo el chorro de agua cuando está troceada.
b) Con agua potable.
c) Solo cuando la canal está entera.
d) No se lavará la carne.

11. ¿Qué es la aleta?

a) Carne que está sobre las costillas.
b) Parte inferior de la pierna.

c) Parte situada sobre el esternón y parte de las costillas.
d) El cuello del animal.

12. ¿Cómo se denomina la parte del vacuno situada por encima de las costillas, que está más cercana al cuarto delantero?

a) Lomo alto.
b) Lomo bajo.
c) Solomillo.
d) Contra.

13. ¿Cuál es la carne con grasa de la parte ventral del cerdo?

a) Codillo.
b) Jamón.
c) Aguja.
d) Panceta.

14. ¿Cuál de los siguientes se denomina escalope?

a) Filete fino de tamaño pequeño, que se sirve salteado o breseado si se obtiene de piezas duras como redondo o contra.
b) Fracción de unos 125 gramos, que se puede obtener de distintas piezas.
c) Filete no muy grueso que se empana y fríe.
d) Porción gruesa que se obtiene del morcillo.

15. En el despiece del cerdo ibérico, ¿de dónde se saca la "presa"?

a) De la porción anterior al lomo.
b) De la porción adosada a la escápula.
c) De la parte final o posterior del lomo.
d) Del extremo superior de la falda, próximo al cabecero.

En MADTEST tienes **más preguntas de este tema**, y todos tus avances quedan registrados y se reflejan en el ranking.

¡Supera tus límites con MADTEST!

Solución al test n.º 39

1. b) Buey.

2. a) Lechón.

3. d) De España.

4. c) Aguja.

5. c) Las que no tienen golpes ni roturas.

6. d) Todas las respuestas son correctas.

7. c) Embutido de carne.

8. a) Gallina.

9. c) Las grasas de las carnes son ricas en ácidos grasos saturados y colesterol.

10. b) Con agua potable.

11. c) Parte situada sobre el esternón y parte de las costillas.

12. a) Lomo alto.

13. d) Panceta.

14. c) Filete no muy grueso que se empana y fríe.

15. b) De la porción adosada a la escápula.

TEST N.º 40

Los postres. Simples y elaborados. Elaboraciones de repostería. Los quesos y lácteos. Helados. Las frutas. Elaboraciones de pastelería y panadería

1. El caqui (*Diospyros kaki*) procede de:

a) India.
b) China y Japón.
c) Nueva Zelanda.
d) América del Sur.

2. La cereza es:

a) Más jugosa que carnosa.
b) Más carnosa que jugosa.
c) Igual de carnosa que de jugosa.
d) Más carnosa que jugosa y el hueso se suelta con mayor facilidad que el de la guinda.

3. La manzana Reineta de Orleans es:

a) De piel color amarilla-dorada con diminutas motas marrones.
b) De piel verde-rojiza.
c) De piel verde amarilla, y va adquiriendo tonos rojos conforme va adquiriendo el punto de maduración.
d) De piel verde-hoja.

4. Señala la afirmación correcta. La pamplemusa (Citrus glandis):

a) A veces se confunde con el pomelo.
b) En su aspecto exterior parece una ciruela grande.
c) Es conocida como naranja dulce.
d) Fue introducida en Europa por los monjes que acompañaban en la colonización.

5. Para la obtención de 500 gramos de fruta seca, será necesario utilizar:

a) 1,5 kilos de fruta fresca.
b) 2,5 kilos de fruta fresca.

c) 3,5 kilos de fruta fresca.
d) 4,5 kilos de fruta fresca.

6. ¿Cuál de las siguientes afirmaciones describe correctamente la función de los huevos en repostería?

a) Aportan estructura por su alto contenido en gluten.
b) Incorporan aire durante el batido, mejorando el volumen y la textura de las elaboraciones.
c) Reducen la humedad del producto final, favoreciendo su conservación.
d) Sustituyen completamente la función estructural de la harina.

7. ¿Qué característica define a los aromatizantes utilizados en repostería y pastelería?

a) Son aditivos sintéticos que sustituyen completamente al azúcar.
b) Son ingredientes naturales que contienen aceites esenciales y aportan sabor específico a las elaboraciones.
c) Se emplean exclusivamente para modificar la textura de las masas.
d) Sustituyen la función estructural de la harina en las preparaciones.

8. ¿Qué operación básica consiste en extender una crema o baño de forma regular sobre o dentro de un pastel utilizando una espátula?

a) Alisar.
b) Tamizar.
c) Incorporar.
d) Batir.

9. ¿Qué operación básica se define como pasar un producto por un tamiz para homogeneizarlo y separarlo de impurezas?

a) Mezclar.
b) Amasar.
c) Estirar.
d) Tamizar.

10. En la elaboración del pastillaje para trabajos de modelado, ¿qué característica debe presentar la masa para que las figuras mantengan su forma sin agrietarse?

a) Debe ser muy líquida para facilitar su extensión.
b) Debe ser lo suficientemente firme para mantener la forma, pero sin estar excesivamente reseca.
c) Debe contener menos azúcar glas para evitar endurecimiento.
d) Debe enfriarse completamente antes de añadir el azúcar.

11. ¿Por qué no debe exponerse el chocolate de cobertura a fuego directo durante su fundido?

a) Porque perdería completamente su color oscuro característico.
b) Porque incorporaría aire y aumentaría excesivamente su volumen.
c) Porque debe fundirse al baño maría entre 32–35 ºC, evitando el calor directo que alteraría su correcta fusión.
d) Porque se volvería más dulce al contacto con el calor intenso.

12. ¿Qué habilidad es necesaria para iniciarse correctamente en los trabajos en glasa real?

a) Conocer técnicas avanzadas de templado de chocolate.
b) Dominar el amasado de pastas duras.
c) Saber trabajar con el cartucho y poseer conocimientos básicos de dibujo y estética.
d) Utilizar exclusivamente moldes prefabricados para decoración.

13. ¿En qué punto de cocción el almíbar forma una bola que, al enfriarse en agua fría, rueda con facilidad entre los dedos ofreciendo cierta resistencia?

a) Punto de hebra fina.
b) Punto de bola blanda.
c) Punto de escarchado.
d) Punto de bola dura.

14. ¿Qué característica indica que el azúcar ha alcanzado el punto de caramelo?

a) Forma una hebra que se rompe al separar los dedos.
b) Se vuelve completamente blanco y opaco.
c) Forma una bola que se pega a los dientes.
d) Una gota sobre el mármol se endurece inmediatamente y el almíbar comienza a amarillear.

15. ¿Qué factor influye directamente en el número de capas u hojas que tendrá el hojaldre en el producto final?

a) La cantidad de limón añadida a la masa.
b) El tiempo total de horneado.
c) El número de veces que se dobla y estira la masa en diferentes sentidos.
d) El tipo de sal utilizada en la elaboración.

En MADTEST tienes **más preguntas de este tema**, y todos tus avances quedan registrados y se reflejan en el ranking.

¡Supera tus límites con MADTEST!

Solución al test n.º 40

1. b) China y Japón.

2. a) Más jugosa que carnosa.

3. c) De piel verde amarilla, y va adquiriendo tonos rojos conforme va adquiriendo el punto de maduración.

4. a) A veces se confunde con el pomelo.

5. b) 2,5 kilos de fruta fresca.

6. b) Incorporan aire durante el batido, mejorando el volumen y la textura de las elaboraciones.

7. b) Son ingredientes naturales que contienen aceites esenciales y aportan sabor específico a las elaboraciones.

8. a) Alisar.

9. d) Tamizar.

10. b) Debe ser lo suficientemente firme para mantener la forma, pero sin estar excesivamente reseca.

11. c) Porque debe fundirse al baño maría entre 32–35 ºC, evitando el calor directo que alteraría su correcta fusión.

12. c) Saber trabajar con el cartucho y poseer conocimientos básicos de dibujo y estética.

13. d) Punto de bola dura.

14. d) Una gota sobre el mármol se endurece inmediatamente y el almíbar comienza a amarillear.

15. c) El número de veces que se dobla y estira la masa en diferentes sentidos.